JN028280

Fundamentals of

Causal Process Tracing

因果過程追跡の基礎

経営革新事例の即応研究法

田村正紀——［著］

東京 白桃書房 神田

まえがき

　なぜこのような結果が生じたのか，結果はわかっているのに，その原因が
はっきりしないことは多い。原因が作用するには，その場所と時間などのコン
テキスト（文脈，背景，状況，環境など）がかかわるはずだ。場所という
コンテキストは多様に広がり，企業の内部組織などの特定部分，国やその特
定地域などがある。時間も同様で，特定の時点や期間が長いか短いかなどで
ある。さらに原因とコンテキストはどのように組み合わさって結果を生み出
すのか。その因果メカニズムはどのようなものか。これらの問題は広く因果
推論と呼ばれる領域で扱われる。

　この因果推論問題は多くの科学分野で基本的な問題であるだけではない。多
様な分野の事例で絶えず生じている。例えば，ロシア革命や中国の共産主義
革命はなぜ起こったのか。アフリカや中南米で民主主義がなかなか育たない
のはなぜだろうかという政治の領域の問題がある。日本の若者世代の単身化，
晩婚化，少子化は何が原因かといった社会問題もある。もっとミクロな領域
でも因果推論は多くの人の関心を引き寄せている。障がい者施設や小学校で
の無差別殺傷事件はなぜ起こったのか。特定個人の結婚はなぜ成功し，また
失敗するのか。週刊誌や新聞の三面記事では日々この種のニュースが繰り返
し報道されている。

　本書で対象にする経営事例でも因果推論問題は多くある。大きい事例とし
ては，例えば東芝など名門企業においてすら不正会計など不祥事が長年続い
たのは何が原因だろうか。ユニクロはなぜ急成長し，セブン - イレブンが長
期にわたる高収益を維持しているのはなぜか。アマゾンが流通世界の覇権を
握ったのはなぜか。経営事例はこのように枚挙にいとまがない。いずれにせ
よ，経営実務の世界では因果推論への対応は，短期的にも長期的にも，企業

の盛衰をかけて対応しなければならない基本課題といってもよいだろう。

　因果推論はこれまで統計学の独壇場であるかのように取り扱われてきた。統計学による因果推論の大前提は，推論に必要なデータが十分に整備されていることである。たしかに種々な調査や統計データの整備，POSやスマートフォン，さらには監視カメラなど種々な情報機器を通じて収集されたデータの電子化が進み，多様なデータベース構築がなされるようになった。これらの情報を統合して種々なビッグデータが作られている。統計学的な因果推論の大前提は多くの分野で急速に満たされつつあるといえよう。因果推論を統計学の独壇場かのように理解する理由はこのような事態を背景としている。

　他方で，経営事例にはこのような統計学利用の大前提を満たさない事例も多い。典型的には種々な革新事例がある。例えば，新製品や新規事業の開発などの企業革新について，初期目標の達成が明らかになるまでの比較的短い期間については，その類似事例は存在しないか，あってもごく少数である。また消費者革新，つまり消費者行動上の大変化を示す先端的な消費者行動についても事情は同じだろう。革新事例をできるかぎり即時的に研究しようとする場合，データ上の頻度主義に基づく伝統的な推測統計学は無力である。

　特に学術的な研究者ならデータが揃うまで時の推移を待つという手もあろう。しかし経営世界での実務家にとっては，時を待つという手は必ずしも使えるわけではない。待っていれば機会を逸してかえってその経過時間は大きい機会損失を生むかもしれないからだ。特に経営革新を目指す企業家，消費者革新をできるだけ早く発見しようと努力するマーケターは，この機会損失を避けるべく「時は金なり」という警句を十分に意識している。タイミングは決定的に重要である。

　とはいえ，このような単独事例や少数事例という情報状況の中で，因果推論をどのように行えばよいのだろうか。これは特に革新事例の即時的研究ではつねにつきまとう問題である。因果過程追跡という手法は，このような問

題状況で，事例分析など質的研究に不可欠な用具として登場した。それは単独あるいは少数の事例における因果分析で使われる。

　この手法は，特に政治学や社会学の領域で前世紀の後半から急速に発展した。そこで，方法論としての理論的整備や各分野への応用事例が欧米ではすでに報告されはじめている。経営学の領域では因果過程追跡技法への対応は，これまでのところ立ち後れている。しかし，この種の分析の重要性もまたその分析を要する事例数の少なさも政治学や社会学に劣らない。むしろその導入と発展は経営学の今後の発展に不可欠であろう。

　筆者は今まで因果過程追跡にかかわる方法論について以下のような著作を公刊してきた。

・『リサーチ・デザイン：経営知識創造の基本知識』（白桃書房，2006）
・『経営事例の質的比較分析：スモールデータで因果を探る』（白桃書房，2015）
・『経営事例の物語分析：企業盛衰のダイナミクスをつかむ』（白桃書房，2016）

　『リサーチ・デザイン：経営知識創造の基本知識』では計量的手法と定性的手法をリサーチ・デザインの観点から比較しながら，どのような研究状況でそれぞれの手法を使うべきかを論じている。後の2著は定性的手法としての因果過程追跡にかかわっている。『経営事例の質的比較分析：スモールデータで因果を探る』は，革新事例の以後の経緯として事例数が若干増加しはじめる状況での方法論である。革新事例の模倣者や追随者が出現して因果過程が複雑化しまた錯綜する。質的比較分析は，このように複雑な因果関係を分析するための技法である。最後の『経営事例の物語分析：企業盛衰のダイナミクスをつかむ』は，革新が成功して以後の長期持続成長へ途を歩む際の長期にわたる因果過程追跡である。

　しかしながらこれらの一連の著作の中では，革新事例の初期状態での因果過程追跡はそれに特に焦点を合わせて扱っていない。初期状態というのは，革新の模倣・追随があったにしてもごく少数の事例しかまだ存在しない状態で

ある。このような状況では『経営事例の質的比較分析：スモールデータで因果を探る』で述べたQCA（質的比較分析）技法でさえも，事例数があまりにも少ないので適用が難しい。本書ではこの状況のもとで因果過程追跡をどのように行うかを特に念頭に置いている。そのテーマの特質から見ると，本書は『リサーチ・デザイン：経営知識創造の基本知識』と並び，因果過程追跡についてまず最初に読むべき入門書の位置を占めている。

　先端的な研究者の間で因果過程追跡という手法が急速に普及した理由の1つは，その方法を使うのに統計学のような技術的訓練を要しない点にある。料理ではレシピのような適切な手引き書があれば，その論理を直感的に理解するのは容易である。しかし，因果過程追跡という手法については残念なことに適当な手引き書が国内でも外国でも存在しない。たしかにGoogle scholar in Englishなどのウェブサイトで，process tracingを検索してみると，因果過程追跡を論じたかなり多くの学術論文を発見できよう。しかしビジネスパーソンや学生がこれらの論文を読めたとしても，因果過程追跡の手法をすぐに使いこなせるようになるというわけではない。それらの論文のほとんどが専門的な細かい論点に焦点を合わせているからである。

　そこで本書はこれらの研究成果を踏まえて，因果過程追跡のいわばレシピを提供しようとするものである。料理のレシピを使用すれば，誰でも料理名人が作るのに近いおいしい料理を作ることができる。レシピには必要になる食材分量や調理器具，所要時間だけでなく，調理作業の順番と各段階での注意事項などが詳細に記されているからである。本書は因果過程追跡のレシピとして，ビジネスパーソンや学生が特定事例の因果過程追跡をする際に踏まねばならない手順と各分析段階での考慮点を提供している。本書を読んで理解するにあたっての事前知識は何も前提としていない。料理レシピと同じように，関心ある特殊事例についての因果過程追跡を，本書からはじめることができよう。

　しかし，本書には料理レシピと違う点がある。料理レシピの手順はそれによって食材の味にどのような化学変化が生じるかを踏まえたものであるが，そのことについてはほとんど触れていない。本書ではこの化学変化に対応するものとして，手順の各段階の考慮点がなぜ必要かも論じている。食材というモノを対象にする調理に比べると，人間の多様な活動を対象にする因果過程追跡では，その分析ははるかに難しい。この手法をうまく使うには調理に比べ，はるかに多くの配慮が必要になる。

　もともと本書は著者の研究ノートであった。大きい実証問題を追究する際，因果過程追跡の利用を迫られ，学術論文を渉猟しながら研究上の手引きとして作成したものである。この研究ノート作成の焦点は，因果過程追跡の実際的な手順と，その手順を実証問題に適用しようとする際の考慮点や，実際に適用してみて出会った諸問題をメモすることであった。この手法の最新成果を踏まえた容易に入手できる手順書が皆無であることから，この研究ノートに手を加え出版することにした。

2023 年 2 月 16 日

田村正紀

因果過程追跡の基礎
目次

CONTENTS

CONTENTS

第 **1** 章

因果過程追跡とは
どのような手法か

『森の生活』の著者ソローのように電動工具が使えない時代に，森から木を切り出して木造家屋を自分で建てる場合，多様な大工道具を使うだろう。斧，種々なノコギリ，カンナ，かなづち，釘，錐，ノミなどである。あらゆる工作に特定用具が万能というわけではなく，場面によって適切な道具を使い分けねばならない。因果過程追跡も因果分析という大きい作業のための用具の1つである。その用途はどこにあるのか。そのイメージをつくるために，まず，過程追跡の用途の特徴を展望した上で，それを実施する際のグランドデザインを示すことにしよう。

1. 因果過程追跡のねらい

要約的にいえば，因果過程追跡の特徴は表1.1のようになろう。

表1.1　因果過程追跡の特質

・特定実例を理論事例としてできるだけ即時対応的に分析対象にする。
・因果推論を目指す。
・中範囲の理論構築を目指す。

これらの特徴のそれぞれについて，詳しく説明していこう。

▶特定事例を分析対象にする

◆実例を理論事例に分解

因果過程追跡の対象は特定事例である。特定事例とは，まず何らかのテーマの実例である。しかし実例そのものの全体ではなく，実例から切り取られ

た部分である。分析者の研究上の関心に従って，観察される時間（期間）と空間（場所）が特定されている。対象になる事例は理論事例[1]になることを予定されている。対象となる事例数は単独事例あるいは少数事例である。いずれにせよ，因果過程追跡の手法上の特質は，統計分析には十分ではない数の事例を対象にする点にある。

　実例は複数の理論事例に分解できる。例えば，ダイエーは1950年代後半に創業し，わずか十数年で小売業売上高日本一の地位に就いた。この間の同社の急成長は流通革命の成功事例である。しかし，同社は90年代初頭のバブル崩壊後には衰退し，21世紀初頭にはイオングループに入り独立企業としては姿を消した。この間のダイエーは巨大企業の衰退事例である。米サウスランド社とイトーヨーカ堂の契約に基づいて1974年に日本の1号店が開業して以来，21世紀の前半に至るまで，セブン-イレブンは驚異的な長期持続成長をとげ，日本の代表的流通企業になった。この長期間にわたる成長の歩みは長期持続成長の事例である。

　ミクロの実例だけでなく，マクロの実例もある。現在多くの消費者がアマゾンなどネット通販にスマホでアクセスして多様な商品を購入するようになった。これらの消費者の全体的な動きは，ネット通販のマクロ実例である。80年代には，成長経済が成熟し，多くの若者がカジュアル・ファッションを身にまとい，東京など大都市の繁華街に繰り出した。こうした若者たちの行動は全体として成熟経済での若者消費者のマクロ事例である。マクロと呼ぶ理由は，多くの行為者の集合行為になっているからである。

◆革新事例への関心

　経営学では革新事例に関心を持つことが多い。その理由の第1は，革新事例が新生かあるいは逸脱した現象だという点にある。

　革新事例には時間と空間との2つの側面がある。

1）理論事例の概念については，田村正紀（2006）『リサーチ・デザイン：経営知識創造の基本技術』白桃書房を参照。

　時間的な側面とは，今まで見たことも経験したこともない現象だということだ。自然界では太陽が東から出て西に沈むような長期的で規則的な動きが多くある。これに対して，企業とその環境からなる経営世界では，規則的な動きはあっても，それらは，はるかに短期的に変化する。企業はこれらの動きに対して，組織や戦略の適応を絶えず迫られている。また，それらが企業の成長，存続を左右することが多い。だから経営学ではこの種の新生問題につねに強い関心を持っている。

　新生現象は空間的にも生じる。経営の国際化によって，新しい市場に進出した企業などはこの空間的な新生現象に直面することがある。国際化を企てたあるかつら（ウィッグ）メーカーは，アフリカ市場で特に需要が強いことを発見した。日よけ帽子の代わりにかつらを使っていたのである。洗濯機のメーカーは，アラブ諸国で小型洗濯機が特によく売れることに気づいた。部族社会では多くの人が同時に食事することが多い。ミキサー代わりに小型洗濯機を使っていたのである。所変われば品変わる。この種の現象は国際的な新市場進出でしばしば出会うものである。

　経営学で注目されるもう1つの革新事例は逸脱事例でもある。それらは，同種カテゴリの平均的なイメージから大きく逸脱している。同種カテゴリの共通特性が数値で測られるときには，逸脱事例は特性分布の平均値から大きく離れた外れ値になる。例えば，日本の県庁所在地の人口分布では東京都は外れ値になる。カジュアル・ファッション・ビジネスで売上高や商品開発力などの業績を見ると，ユニクロは明らかに逸脱事例である。経営世界では，革新的な企業や業界トップ企業などにこの種の逸脱事例を見ることが多い。

◆革新事例の数は少ない

　経営学での関心事例のほとんどは，新生か逸脱した革新事例である。革新事例では特にその事例が示す「結果」に関心がある。それらはどのような原因

によって生み出されたのか。セブン‐イレブンの長期持続成長やユニクロの優れた商品開発力などの「結果」を生み出す要因（原因）は何か。従来，因果推論には統計学（頻度主義に基づく推測統計学でベイズ統計学を除く。以下この意味で使う）が使われてきた。しかし，新生事例や逸脱事例が示す「結果」を統計学によって即時対応的に推論できない。統計的推論を行うに十分な数の標本数に足りないからである。

　統計学には多様で精緻な分析技法がある。しかし，多くの事例の多数標本からなるデータセットがなければ，それらの手法はいずれも使えない。まさしく陸に上がった河童である。逸脱事例について類似データが多数揃うまで待ったとしても，データが揃った頃には逸脱事例でなくなっているかもしれない。新生問題についてもデータが揃うまで待てば，新生問題でなくなり，分析しても経営実践上の情報価値はほとんどなくなっている。

　統計分析に必要で十分なデータが揃わなくても，特定時限までに検討し，分析し，判断しなければならない実例は多くある。裁判上の事件や個人の結婚生活，外交問題など，領域は多岐に広がる。中でも経営世界はこの種の新生問題に絶えず取り囲まれている。革新への取り組みは，その性質上，つねに逸脱事例であることが多い。因果過程追跡の主要な対象は，この種の逸脱あるいは新生の単独事例である。

　経営学には従来，新生事例や逸脱事例をできるかぎり即時対応的に研究する方法論が不足していた。統計学など計量手法を使うには十分なデータが揃うまで待たねばならなかった。この種の事例は，主として教育用の経営事例の題材や，いわゆるビジネス実務書の対象であった。そこではもっぱら物語風のジャーナリスティックな事実記述が行われてきた。因果過程追跡はこのような領域でも科学的分析を行うための新しい手法である。この手法は前世紀末に，政治学や社会学の領域で産声を上げたが，その後の数十年間の間に経営学の領域にも適用領域を拡大しつつある。

▶因果推論を目指す

◆憶測と科学的推論

　因果過程追跡のねらいは，特定の単独事例を対象にした「結果」の因果推論にある。それはその事例の「結果」がどのような原因によって生じたのかの推論である。たしかに日常生活での噂やネットに氾濫するフェイクニュースなどでも因果推論は多い。その多くは客観的証拠に基づかない憶測が多い。この種の因果推論と因果過程追跡による推論は大きく異なる。後者が憶測ではなく科学的な推論を目指しているからだ。因果過程追跡はその特定事例内で観察できる様々な証拠を手がかりにして，「結果」を生み出した原因を科学的かつ体系的に探ろうとするのである。

　因果推論のねらいは結果と原因の関係，つまり因果関係を明らかにすることである。日常生活でも，「なぜだ？」と問うことがよくある。この問いを発したとき，誰でも無意識のうちに因果推論を行っている。しかし，多くの場合，原因にたどり着いてもこの種の推論は憶測であることが多い。十分な証拠に基づかなかったり，また推論手順が科学的でなかったりするからだ。因果過程追跡はできるだけ信頼できる証拠に基づき，科学的手順に従った因果推論を目指そうとする手法である。この推論は，その事例にかかわる既存理論がある場合には理論検証という形を取る。既存理論がない場合には，理論構築という形を取る。

◆原因とは何か

　因果過程追跡で探る原因とは，「結果」へ何らかの影響力，すなわち因果力を持つ要因である。この影響力を通じて，成功か失敗かなど「結果」の状態を原因が変化させることになる。因果過程追跡を行う分野によって，多様な要因が原因になる。その多くはその分野での行為者の動きとその活動の場である。活動が遂行される場はコンテキストと呼ばれる。

　研究領域によって，行為者は多様である。個人，集団，階級，国家などが行為者として登場する。経営世界に絞っても多様な行為者がいる。企業とその内部組織・従業員，原材料・部品のサプライヤー，金融・物流・情報などの種々の業務サービス提供者，卸・小売など流通業者，さらには産業顧客や消費者がいる。主要原因の多くは，これらの行為者の多様な動きから生まれる。

　行為者の動きは，その実践活動から生じている。それら実践活動は，特定の時間（期間）と空間（地理的領域）を場として遂行されている。この場の特性をコンテキストと呼ぼう。コンテキストは行為者の実践の場として多様な形をとって行為者の実践活動を制約する。企業を行為者とすれば，法規制，景気の状態，人口の年齢構成や都市化の程度，消費者のライフスタイル，その所属産業の競争状態，あるいは利用可能な情報・生産・物流技術水準などがコンテキストになる。コンテキストも時間や空間によって変化する。このコンテキストの動きは，行為者の動きとともに，原因候補の２大領域をなしている。

◆変数，出来事，物語

　統計分析による因果推論では，変数が分析単位である。それは行為者やコンテキストの諸側面の特性を数値化したものだ。この値が標本（事例）間で異なる値をとるため，変数と呼ばれる。多くの統計分析では，変数を従属変数と独立変数の２種に区分する。「結果」を従属変数として，また多様な原因は独立変数として扱う。従属変数と独立変数の間にある統計的関連が因果推論のねらいになる。この種の統計アプローチの背後には，デカルト以来の要素還元主義がある。

　一方，因果過程追跡では分析の単位は変数だけではない。変数に加えて，行為者やコンテキストの動きが生み出す出来事そのものが分析単位になること

が多い。ある1つの行為者やコンテキストを取り上げても，その行為特性は
多元的である。少なくとも，誰が（主体），何を（対象），いつ（時間），どこ
で（場所），いかに（様式），なぜ（目的）といった側面がある。これらの側
面はそれぞれ出来事によって異なるかもしれないから変数である。特定の出
来事では，この多元的な特性がそれぞれ特定値の組み合わせでもって実在し
ている。出来事を分析単位にするということは，この組み合わせそのものを
分析対象にすることである。これはベクトルや行列など，数の集まりそのも
のを演算の分析単位にする線形代数に似ている。

　言葉による記述だけに頼って因果過程追跡をすれば，それは1つの物語に
なる。いわゆるビジネス書は，企業の成功や失敗の実例を物語として語るこ
とが多い。そこにはその実例での多くの出来事が語られる。各出来事はそれ
を語る物語文によって，その前後で生じる他の様々な出来事との関係ネット
ワークに組み込まれていく。物語文は因果関係を表す文に書き直すことができ
るから，実例の物語全体は出来事の因果ネットワークを表すことになる。そ
れはいわゆる物語の筋書きを表している。

　因果過程追跡も同じように，事例の「結果」がどのような原因によって生
まれるかの物語を指向している。しかし，その語り方は多くのビジネス書と
は異なる。相違点は，原因や結果の概念化の仕方と，それらを因果関係に関
連付ける手続きにある。平たくいえば，著者の主観・憶測に基づき日常言語
で語る代わりに，理論概念を構築し，できるだけ客観的な実証手続きを踏ん
で因果関係を語ろうとするのである。

▶中範囲の理論構築を目指す

◆結果説明型の過程追跡

　実例についての因果過程追跡では，結果も原因も固有名詞で語られる。例

えば，セブン - イレブンの長期持続成長という実例では，「結果」は1974年の日本での1号店の開業以来，21世紀初頭まで続く，売上高，利益，企業規模などのおよそ半世紀にわたる持続成長である。同社の持続成長は90年代でのバブル不況期にもとどまることはなかった。当初，同社の店舗網は首都圏に集中したが，80年代以降になると次第に全国に拡大していった。この成長の時空間も，特定の歴史時期間や空間的領域の出来事として語られる。

　原因を語る場合も同じである。1979年の東証二部上場までの初期発展の原因に限れば，次のような要因が語られよう。コンビニ・フォーマットがまだ定まらず流動的であった時代に，24時間営業，加工食品・日用雑貨に絞った品揃えなど若者単身生活者を標的にした明確なコンビニ・コンセプトの提示，納入問屋を絞り込んだ店舗への効率的なサプライチェーンの確立，首都圏に限った稠密な店舗展開などである。そして，社長（当時）鈴木敏文の卓越したリーダーシップが随所に現れる[2]。

　因果過程追跡が特定実例の「結果」の十分な説明を目指すとき，その過程追跡は結果説明型[3]と呼ばれる。この種の因果過程追跡は，重要な「結果」を生み出した社会事件や歴史的出来事についてよく行われる。新型コロナの世界的パンデミック，名門企業東芝の不正会計事件，メルカリの急成長，さらには明治維新や太平洋戦争など，結果説明型の過程追跡を要する出来事は枚挙にいとまがない。

　この種の因果過程追跡は歴史学が目指す記述に極めて近似している。その内容は固有名詞で指示される出来事の物語的連鎖である。特定の時空間で生じた状況特殊的な出来事の因果連鎖が一連の物語文によって語られている。固有名詞で語られる特異な出来事の連鎖が歴史物語の主内容である。その特徴は，その実例が占める特定の時空間内に因果関連が閉じ込められていることである。

2）これらの詳細は，田村正紀（2014）『セブン - イレブンの足跡：持続成長メカニズムを探る』千倉書房を参照。

3）Beach, D., and R. B. Pedersen（2013）, *Process-Tracing Methods: Foundations and Guidelines*, The University of Michigan Press.

◆中範囲理論を目指す

　因果過程追跡手法の中核は，このような結果説明型にはない。むしろ因果過程追跡で得た知見を特定時空間を越えて適用できるようにしようという野心がある。しかし，この野心は自然科学での法則発見と同じではない。自然科学は一般理論の開発を目指している。いつでもどこでも普遍的に作用する規則性とそのメカニズムの発見である。そうした普遍法則の作用は，そのための実験が行われた特定の時空間を超越することを期待されている。

　因果過程追跡による推論が目指す因果連関は，自然科学と特定実例のそれぞれにおける因果連関の中間にある。推論結果の適用可能範囲は自然科学よりは狭いが，特定実例よりは広い。因果過程追跡の因果推論はこの意味で中範囲の理論の確立を目指している。中範囲の理論は，もともと社会学者マートン[4]によって提唱された概念である。その考え方は，今日では社会学にとどまらず経営学の領域でも広く受け入れられている。因果過程追跡も，その手法の中核では中範囲の理論を目指している。

　中範囲の理論という概念の主張は二面的である。一方では，あらゆる社会現象を普遍的に分析できる一般理論の確立は困難であると考える。社会現象は複雑・多面的・動態的だから，広汎な時空間にわたる一般概念や法則の発見は難しい。他方で，ただ実証研究をやっていけばよいというわけではない。それらの実証が行われるにしても，孤立的，分断的な実証研究だけでは，経験的発見物が知識として統合・蓄積されることはない。ただ次々に現れる現象の表面を這いずり回っているだけである。

　中範囲の理論によれば，必要なことは，経験的知識の統合・蓄積が可能になるような実証研究の推進である。中範囲の理論を目指す因果過程追跡とはどのようなものか。時空間的に特定された実例の分析を通じて，その時空間制約を超えた因果関係を検証したり発見したりするということである。他の時点（期間）や異なる空間（国，地域，産業，企業，市場，組織など）でも

4）Merton, R. K.（1949）, *Social Theory and Social Structure*, The Free Press.

通用する可能性を秘めた原因や因果メカニズムを発見したり検証したりする。

◆実例を理論事例へ変換

　そのためにまず必要なことは，理論事例への実例の変換である。その実例がどのような理論（概念）の事例であり，また現実にあるいは可能性としてどのような母集団からの標本であるかを問えば，理論事例への変換が始まる。手続き的には，この変換は表1.2に示す作業に要約できよう。

表1.2　理論事例への変換作業

- 研究課題の設定：説明すべき「結果」のコンセプトを明確にする。
- 母集団の想定　：想定母集団に照らして事例選択を行う。
- 理論概念の設定：「結果」や原因を固有名詞ではなく，それを実例として含むヨリ理論的な普通名詞としても設定する。

　前述のセブン-イレブンを例にとれば，なぜ持続成長が可能になるのかが研究課題となろう。想定母集団によって，因果過程追跡の発見物の適用できる射程範囲がきまる。日本企業，流通企業，コンビニのいずれを母集団にするのか。セブン-イレブンを事例として選択するということは，コンビニあるいは流通企業が母集団になる可能性がある。同社の財務数字の時系列データは「持続成長」という理論概念の例として語られる。原因となる活動様式は，市場標的，品揃え構成，納入サプライチェーン，出店パターンなどの理論概念によって記述されることになる。これらの「結果」と原因の全体的関連は後述の因果図によって示されることになる。

2. 因果過程追跡はグランドデザインに始まる

▶グランドデザインとは

　因果過程追跡は，特定事例を対象にして，そこで作用している因果関係を追跡するリサーチ手法である。同じく因果を探るといっても，統計分析は多数の事例（標本）を対象にして，原因が結果に与える平均的な因果効果を探る。一方，過程追跡は単独事例を対象に，その内部で原因が結果を生み出す際，どのような因果メカニズムが働いたかの過程を探る。

　因果過程追跡の出発点は，そのグランドデザインを描くことである。未知の目的地に行くには，現在地から目的地に至るマップが必要だ。グランドデザインはいわば因果過程追跡のためのマップに相当する。それは因果過程追跡で処理しなければならない主要な作業領域とそれらの間の関連の全体像を示している。図1.1はそれを示したものである。グランドデザインに沿って因果過程追跡の全体像をまず見ておこう。主要作業領域は3つある。事例選択（観察範囲の設定）と単独事例分析（分析型の決定），そして事例比較の対象（一般化の範囲）である。以下ではまず，分析型の決定について説明する。

▶分析型の決定

　分析型の決定とは，どのタイプの因果過程追跡を行うかの決定である。このタイプには，

- ・理論構築型
- ・理論検証型
- ・結果説明型
- ・結果構想型

の4種があるように見える。しかし，結果構想型は，他の3つのタイプの因果

図1.1　因果過程追跡のグランドデザイン

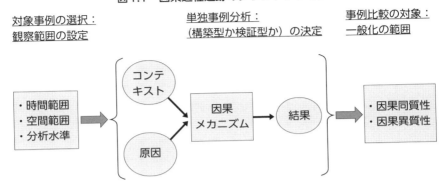

結果説明型：
・特定歴史結果の包括的説明が目的
・理論と実証の円環的反復
・検証型と構築型の実践的併用

表1.3　因果過程追跡のタイプ

		因果理論があるか	
		ない	ある
関心方向	理論指向	理論構築型	理論検証型
	実践指向	結果説明型	結果構想型＊

＊結果構想型は未来型であり，原因と結果を結ぶ因果過程ではなく，目的・手段関係であることに注意が必要である。

過程追跡とは異なる関心に根差した過程追跡である。この点については後述しよう。残りの3つのタイプは研究者の関心が理論指向か実践指向か，また過程追跡に際して因果理論を持っていないのかによって区分されている。これらのタイプにより，因果過程追跡の手順は異なってくる。

　理論指向が強ければ，因果過程追跡の対象はとりあえず理論事例になろう。理論事例では，ヨリ一般的な理論カテゴリの実例としての事例が取り上げられる。例えば，セブン-イレブンを長期持続成長の実例として，またトヨタ自動車をカンバン生産方式の実例として取り上げるときなどは，その事例研究は理論事例研究になる。そこでは長期持続成長やカンバン生産方式が理論カテゴリとして使われている。

　理論検証型は既存理論に基づいて，特定事例の結果がどのように生じたのかを説明しようとする。この意味で演繹的である。ここでは，理論が示す因果メカニズムがその事例でも働いているかの検証が課題となる。

　しかし，事例が新生事例であるとき，その結果を説明できそうな理論が存在しないことが多い。この際，因果過程追跡はまず理論を構築することが必要になる。具体的な事実からその事例の結果を説明する理論を構築しなければならない。この意味で理論構築型は帰納的な因果過程追跡である。検証型も構築型も理論を重視する点では共通している。このねらいは特定事例の因果過程追跡の発見物（理論）をその事例にとどまらず，それを超えて他の事例にも適用しようとする点にある。

　これらの理論型の因果過程追跡とは異なり，実践指向が強くなると，因果過程追跡は実践型の因果過程追跡になる。これは大学などの研究者・学生だけでなく，実務家の関心に添うものである。実践型の因果過程追跡の対象は歴史上の実例である。この実例は結果として現れることもあれば，原因として登場することもある。前者の場合，因果過程追跡は結果説明型になり，後

者の場合には結果構想型になるであろう。

　結果説明型の主要な対象は，多くの実務家や研究者の関心を引くような結果を示す実例である。その中核には急成長企業などがある。例えば，アマゾンやユニクロ，ニトリ，セブン‐イレブンなどの急成長は代表的な例である。なぜそのような結果が生まれたのか，それを事例に則して包括的に説明することが結果説明型の課題である。特定理論の検証や新理論の検証ではなく，特定事例に見られる結果だけを説明することに関心がある。

　分析対象となる結果は多くの場合，歴史的事件など，多様な側面を含む大きい包括的な結果である。結果の説明は折衷的である。適用できる理論的要因があれば使うし，先行理論がないときには理論構築型の帰納的な推論も使う。さらに，理論的な要因だけでなく，その事例に特殊的な要因さえ使う。例えば経営者のパーソナリティはその一例だ。結果説明型の主要な関心はその事例の結果を十分に説明することだけである。分析結果を他の事例に適応することに関心はない。

　これまで行われてきた因果過程追跡の研究は，理論検証型，理論構築型あるいは結果説明型のいずれかである。どれも歴史的に確定した結果がどのような因果過程によって誕生したかに関心がある。この意味で歴史型の過程追跡である。ところが結果構想型は違う。原因から出発してどのような結果が生まれるかのいわば未来型の因果過程を問おうとしているからだ。しかし，注意すべきはこれは原因と結果とを結ぶ因果過程ではないことである。このような未来型の過程では原因は手段として，また結果は目的として認識される。だから原因と結果の因果関係ではなく，目的と手段との間の目的・手段関係が問われている。これが重要な点だ。

　結果構想型は，将来に重要な影響を及ぼすと考えられる要因がどのような結果を生み出していくかの予見に関心がある。例えば，コロナ・パンデミックが消費様式をどのように変えるか，DXの普及はビジネスモデルをどのよ

うに変えるのかなど，重要な要因が将来生み出す結果と過程を構想するのである。企業家精神に富む経営者にとってこの領域は最大の関心領域であろう。また経営学にとって，もっとも挑戦的な領域であろう。

　特定の定まった結果を出発点にしてその原因を遡及的に探っていく歴史型の因果過程追跡の型（理論検証型，理論構築型，結果説明型）とは対照的に，結果構想型は原因を出発点にして，それが将来に生み出すであろうと期待する結果への過程を構想していく。この過程追跡の手順は歴史型の過程追跡とは大きく異なる。

　そのわけは，未来型の過程での結果は過去の歴史的な因果過程というロゴス（客観的論理）だけで決まるわけではないからである。さらに，行為者の目的に秘められたパトス（主観的情念）も大きく影響する。三木清が論じたように，[5]未来の結果はロゴスとパトス（情念）の統一としての構想力の産物であろう。実際問題として，結果構想型は経営学における種々な計画論や企業家精神論の主題である。その内容は本書の枠組みを大きく逸脱するだろう。それ故に本書の以下では，歴史型の因果過程追跡の手順を取り扱おう。

▶理論カテゴリ

　単独事例も含めた少数事例を対象にする理論的な過程分析では，4種の領域における理論カテゴリを扱う。これにより，因果過程追跡の結果を一般化できる可能性が生まれる。これらの理論カテゴリは，図1.1に示されているように，結果，原因，コンテキスト，そして因果メカニズムである。各理論カテゴリはそれを構成する複数の要因，出来事，変数などの集まりから構成されるブロックである。

　因果過程追跡をはじめるには，これらのブロックの具体的内容の概略を特定化する必要がある。特定化していく基本的な順序は，

5）三木清（1967）『構想力の論理』三木清全集第8巻所収，岩波書店。

　　　結果→原因→コンテキスト→因果メカニズム

である。この順序でまず，結果，原因，コンテキストの内容を示す理論カテゴリを具体的に設定する。次にそれらの間の関連がその介在変数も含めておりなす全体的な関連様式を，因果メカニズムとして示す作業に取りかかる。各ブロックの具体的内容の概要からはじめよう。

◆結果

　結果は，研究者が関心を持つ事例の最終結果である。ある最終結果がなぜ生じたかの究明が，因果過程追跡の最重要の研究課題である。企業事例の場合，結果は企業の財務成果であることが多い。それには売上高，収益性，市場シェア，業界トップ企業の地位あるいは長期持続成長などが含まれる。さらに，新製品開発頻度，店舗展開速度，ブランド開発力などヨリ下位の企業成果が選ばれることもある。また消費のマクロ事例では，贅沢指向，価格と品質の両面で優れる製品を求めるバリュー指向，便宜指向，節約志向など，消費指向のマクロ・トレンドが過程追跡における結果になることもあろう。

◆原因

　原因は，結果を生み出す因果メカニズムを始動する要因である。何を原因とするのか。それは，どのような結果を因果過程追跡の終点として設定するかによって分かれる。企業の財務成果が結果である際には，企業の活動特性が原因になる。例えば，企業の戦略，組織，トップ・リーダーシップ，あるいはその活動特性などである。種々な消費者指向が結果となる場合には，所得分布，年齢構成，都市化水準，ライフスタイルなどの社会経済構造や，消費者の基本欲求の状態などが原因となるだろう。

◆コンテキスト

　コンテキスト（状況）は，このような原因が作用する場の特徴である。地理空間的な領域や時間（年度，年度内での時期など）からなる。具体的には，経営のインフラ的なコンテキストには，

- 生産様式：大量生産，多品種少量生産，生産国際化など
- 消費様式：多様化，贅沢民主化，バリュー指向，節約指向，単身化，共稼ぎ，ライフスタイル，巣ごもり消費など
- 技術　　：情報流（テレビ，スマホ，インターネットなど），物流（マイカー，宅配便など），資金流（クレジットカード，仮想通貨など）にかかわる技術など
- 法律　　：独禁法，消費者保護法，大規模小売店舗法など

がある。さらに経営活動にヨリ近接したコンテキストには，企業が直面する市場の競争構造などがある。

　原因とコンテキストの境界は，研究課題としてどのような結果に関心を持つかにより変動する。例えば消費者の種々な指向は企業業績を問題にする場合にはコンテキストである。しかし，コロナ後の消費市場がどう展開するのかという，マクロ的な因果過程追跡をする場合には，これらは原因になる。何がコンテキストになるかは，主体をどのように設定するかによって変わってくる。ヨリミクロな主体設定ほど，コンテキスト部分が大きくなろう。コンテキストは主体にとってその活動の環境だからである。

　コンテキストが原因の環境として働くと，コンテキストは結果の直接原因よりも，むしろ原因から結果への影響の仕方を条件付ける要因として働く場合が多いだろう。この場合には，因果関係は条件付き因果関係になる。条件次第で因果の有無やあるいは影響の様式が変わるだろう。逓増的な影響が逓減的な影響に変わったりする。

▶因果メカニズム

◆定義の多様性

　結果，原因，コンテキストの内容が設定されると，次の課題はこれらのブロックが相互にどのように関連しているのか，その様式としての因果メカニズムを考える作業に移る。因果メカニズムは，過程追跡の多くの文献で現れる中心概念である。それは，原因がどのように結果を生み出すのかの様式である。因果過程追跡の中心課題がこの因果メカニズムの解明にあることに関しては，大方の同意がある。

　因果メカニズムとは何か。そのイメージに関しては

  ・原因と結果，そしてそれらの間に介在する変数やコンテキストなど，因果過程要因間の連結の複合体である。
  ・特定の結果は因果メカニズムの反復の作用として生み出される。
  ・因果メカニズムが相関分析でのブラックボックス解明の鍵である。

などの点で共通理解がある。

　しかし，その詳細となると，意見は多様である。例えば，因果メカニズムの定義だけに限っても，マホニーが例示したように[6]20数個に及び，多様である。この多様性は，因果過程追跡手法の使用者を惑わせる。因果過程追跡の中心課題が因果メカニズムの解明にあるといっても，何をすればよいのかを操作的に明示できないからである。それは，子供に人格者になれと説教している親と同じである。因果過程追跡を実証研究の有用な用具にするためには，何よりもまず因果メカニズムの概念を明確にしておく必要がある。

　因果メカニズムの定義の多様性は，この概念が多様体であるにもかかわらず，特定の側面からのみ捉えようとすることから生じている。これは，「群盲象を撫でる」というインド発祥の寓話と同じ状況にほかならない。鼻，足，胴体のそれぞれだけを触った3人の目が見えない人たちが抱く象についてのイメージは，大きく異なるだろう。蛇のようだ，丸太のようだ，壁のようだ

---

6) Mahoney, J. (2001), "Beyond Correlational Analysis: Recent Innovations in Theory and Method", *Sociological Forum*, Vol.16, No.3.

というのは，部分イメージとしては真であるが，象全体のイメージからは遠くかけ離れている。全体としての象は，蛇のような鼻，丸太のような足，壁のような巨大な胴体から構成されている。

◆因果過程の様式：出来事か変数か

　因果メカニズムは，原因が結果を生み出していく過程の様式である。この様式の主要なものとしては，まずこの過程が出来事と変数のいずれの関連様式として進行するのかということである。出来事には，活動主体（誰が），活動種類（何を），活動相手（誰に），活動場所（どこで），活動時期（いつ），活動目的（何のために）といった側面がある。それぞれの側面は，出来事によって異なる状態を取る変数である。出来事はこのような変数の束である。出来事を分析単位にすることは，数学でベクトルや行列を計算単位にすることに似ている。

　因果過程を出来事と変数のいずれの関連様式として追求すればよいのだろうか。この問題は分析をどのような集計水準で行うかの問題である。出来事は変数の束であるので，変数よりも集計水準は高くなる。分析事例（標本）が少なくなるほど，また観察期間がヨリ長期になるほど，変数よりも出来事の方が因果過程追跡の分析作業はヨリ効率的になろう。ユニクロやニトリ，アマゾンなど，革新の先発者がその卓越した成果を長期的に生み出していく過程などはこの好例であろう。

　因果メカニズムには，出来事で捉える考え方も[7]変数で捉える考え方も[8]ある。さらに，いずれかを明示せずに，現象，条件，行為などどちらともとれるような分析的には曖昧な要因を挙げる場合も[9]多い。しかし，集計水準選択の論拠を示す場合はほとんどない。一般的にいえば，因果過程追跡に際して出来事と変数の2層の集計水準を念頭に置き，作業を進めることが必要である。事例の発展状況に応じて，集計水準を変えながら出来事か変数のいずれかの水

7）*Cf.* Koslowski, B. (1996), *Theory and Evidence: The Development of Scientific Reasoning*, MIT Press ; Hedstroem, P., and R. Swedberg (1998), "Social Mechanisms: An Introductory Essays", in P. Hedstroem and R. Swedberg, (eds.), *Social Mechanisms: An Analytical Approach to Social Theory*, Cambridge University Press.

8）*Cf.* Keiser, E., and M. Hecher (1991), "The Role of General Theoy in Comparative-historical

準で追跡を進めることがよい結果を生みやすい。

◆顕在的か潜在的か

　因果メカニズムのもう1つの因果様式は，因果過程が顕在的かそれとも潜在的かという点にある。顕在的な因果メカニズムは，出来事あるいは変数間の関連様式として直接的に観察できる。一方で，潜在的因果メカニズムは可能態としてのみ存在し直接的にはその因果効果を観察できない。[10] あるいは何らかの理由によって，その因果力の発動を制約されている出来事や変数もあるだろう。それは夜空を背景にしなければ見えない星座に似ている。「見えぬけれどもあるんだよ」という童謡詩人金子みすゞの「星とたんぽぽ」の一節を思い出す。

　潜在的因果メカニズムは，因果分析での重要概念であり，重要な用途がある。1つは反実仮想である。反実仮想とは現実とは反対のことを思い浮かべる思考実験である。例えば，「クレオパトラの鼻がもう少し低かったら，世界の歴史も変わっていたであろう」というパスカルの「パンセ」中の記述はその例である。他の例として大規模小売店舗法（大店法）の影響を考えてみよう。

　1970年代から80年代にかけて，政府はその流通政策により同法の運用を強化して，大型店の出店を厳しく規制した。この運用がなければ，当時トップを走っていたダイエーのその後の成長軌道はどうなっていただろうか。その後にコンビニは主要業態として全国的に普及しただろうか。大店法の厳しい運用がないという事実に反する仮定の下に生じた結果を仮想する。これによって大店法の影響力を判断するのである。その際には，ダイエー成長の潜在的因果メカニズムを考慮しなければならない。

　潜在的因果メカニズムのもう1つの用途は未来予見であろう。企業の将来がさらに成長するか，停滞するか，それとも衰退するのか。それらを予見す

Sociology", *American Journal of Sociology*, Vol.97, No.1.

9）Elster, J.（1998）, "A Plea for Mechanisms", in P. Hedstroem and R. Swedberg,（eds.）, *op.cit.*

10）Steinmetz, G.（1998）, "Critical Realism and Historical Sociology", *Comparative Studies in Society and History*, Vol.40.

るには環境条件の変化とともに，その企業成長の潜在的因果メカニズムが不可欠になる。それは，成長を促すエンジンがどの程度の潜勢力を持っているかの評価である。ここからしばらくは，すでに顕在している結果を生み出した因果過程を取り上げよう。

　この過程を明らかにするに際して，因果メカニズムには種々な介在要因が登場する。それは原因やコンテキストと結果の間に介在する要因である。因果メカニズムは，原因，コンテキストが，介在要因を媒介にして結果を生み出す際の全体的な関連様式である。この因果メカニズムの解明が過程追跡の中心課題になる。

　一般に理論と呼ばれるものの主内容は，因果メカニズムである。それは2種の水準で概念化される。1つは，データを通じて直接的に観察できる顕在的な因果メカニズムである。原因，コンテキスト，結果を構成する要因と，それらの間の介在要因を媒介とする関連様式である。

　もう1つは，潜在的な関連様式である。これはデータにより直接的に観察できないが可能態としてあるだろうというような因果メカニズムである。それは反実仮想などにより析出できる。いずれにせよ，因果メカニズムは，因果図に示される。これは各要因を点とし，それらの間を因果関係に対応して有向線で結んだグラフである。ここでグラフとは点と線からなる配置状況の構造を示す数学上の概念である。

3. 因果図の作成

▶因果図とは

　因果過程追跡は，特定の結果がどのような原因で生み出されたのか，つまり歴史的な因果関係を推測する手法である。ここでいう因果関係は，複数の

図1.2　セブン-イレブン初期発展の因果図

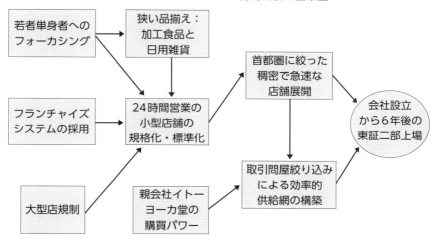

　原因間の関連，そして原因と結果との関連など，個別的な因果関係から構成されている。因果過程追跡の最終課題は各因果関係を確認して，原因と結果との間の全体的な因果構造を確認することである。単独事例を対象にする因果過程追跡で，分析単位が出来事であるとすれば，因果構造は原因や結果になる出来事間の関連様式になる。変数を分析単位にする際には，同様に変数間の関連様式を考えることができる。

　因果過程追跡の作業は各出来事間の因果関係を確認しながら，これらの個別的な因果関係が全体としてどのような構造を持っているかを確認しなければならない。構造とは，点で各出来事を表し，因果関係をそれらの間の方向線で表すとすれば，点と方向線が全体として示す配置形状である。この構造は因果図で示すことができる。[11]それはいくつかの原因が「結果」を生み出すメカニズムを示している。変数による分析の場合も同様に構造を考えることができよう。

11）Waldner, D. (2015), "Process Tracing and Qualitatve Causal Inference", *Security Studies*, Vol.24, No.2.

　因果図の具体例として，本書の後の章でも度々言及する図1.2のようなセブン-イレブンの初期発展[12]を取り上げよう。それは会社設立から6年後の東証二部上場に至る期間での発展である。この因果図は発展をもたらした諸要因とそれらの関係を簡潔にまとめている。

　高収益力の基盤は，標的顧客層が密集する首都圏に絞った稠密な店舗展開による急速な売上成長と，取引問屋再編を通じた効率的な供給網の整備による経費削減である。後者は親会社のイトーヨーカ堂の購買力パワーによって可能となり，前者は大型店規制を受けない小型店舗の標準化を基盤としている。この店舗構想の背景には，当時吹き荒れた大型店規制があり，またフランチャイズシステムによって若者単身者を標的に店舗開発しようとしたトップリーダー（鈴木敏文）の戦略構想があった。この小型店舗は，その後に追随者の模倣を経てコンビニの業界標準となり現在に至っている。

◆仮説的構成概念

　因果図の作成に加えてもう1つ必要なことは，この関連様式を生み出すヨリ根源的な仮説的構成概念（hypothetical construct）の構築である。それは直接的には観察できないけれども，上記関連様式の一部あるいは全体を生み出している潜在的で根源的な仮説要因である。仮説的構成概念とはどのようなものだろうか。

　その一例として，流通論には小売の輪と呼ばれる構成概念がある。これは小売における業態革新の過程で観察できる種々の関連様式を総合的に構成する。この構成概念によると，業態革新は輪のように回る次のような過程である。

1．新業態は低費用オペレーションに基づく低価格訴求によって市場参入する。つまり新業態はディスカウンターであり，価格破壊者である。
2．時間がたつと，同業態間競争に打ち勝つため，この新業態もトレードアッ

12）田村正紀（2014）『セブン-イレブンの足跡：持続成長メカニズムを探る』千倉書房。

プの過程をたどる。トレードアップとは，店舗の内装，サービス，商品の
品質水準を向上させることである。トレードアップは費用増加を伴い，利
益確保のためのマージン引き上げを通じて業態の価格水準を引き上げるこ
とになる。

3. この結果，また新しい型のディスカウンター業態登場の市場機会を作り
出す。小売業態の革新過程は以上のような小売の輪が回る過程である。

　小売の輪自体は直接に観察できないけれども，新業態が価格破壊者として
登場するか，その新業態が普及するにつれてトレードアップが始まるか。そ
れによって業態の価格水準が上昇するか，その際また別種の新業態が登場す
るかは直接に観察できる。これらの現象を総合する構成概念が，仮説として
の小売の輪である。この構成概念によって，上記のような経験的に観察でき
る種々な仮説が生み出されるのである。

▶対象事例の選択

◆事例観察の視角

　因果メカニズムの設定は，対象事例の選択と同時並行的に行われることが
多い。対象事例を選択して因果メカニズムを考えるだけでなく，逆に因果メ
カニズムを設定しながら対象事例の選択を考えていくという方向もある。因
果メカニズムの設定と対象事例選択は，しばしば相互依存的である。

　理論事例分析を行う際，対象事例の選択は単にユニクロかニトリのいずれを
選ぶかというような事例選択だけで終わらない。さらに重要な選択は，実例
をどのような視角から観察するのかという観察視角の選択である。観察視角
とは，現実像のどの範囲を観察対象として切り取るかということである。一
般に事例と呼ばれるものは，現実像から認識対象として切り取られた部分で
ある。それはカメラの焦点をどこに定めるかに似ている。理論事例ではたん

なる実例と比べれば，この観察視角がヨリ明確に意識されている。

　主要な観察視角は，表1.4のようになる。

表1.4　事例の観察視角

・時間範囲：対象とする時間軸の始点と終点，つまり対象期間の設定。
・空間範囲：対象とする地理的空間の範囲。
・分析水準：ミクロ，メゾ，マクロなど事例観察の集計水準。

　観察視角を定める際にもっとも重要なことは，因果過程追跡で解明したい事例の「結果」を概念的に明確に確定しておくことである。言い換えれば，関心や問題意識を鮮明にして研究課題を鮮明にしておくことである。研究の初学者に指導教官は，問題をもっと絞れという忠告を与えることが多い。これは，結果の概念を明確に確定する上でもっとも重要な方法の1つである。因果過程追跡すべき「結果」が明確になれば，時間範囲の設定は容易になる。空間範囲や分析水準の設定もそれに照らして行うことができよう。

◆時間範囲の設定

　追跡をどの期間にまたがって行うのか。特に注意すべきことは，時間範囲の設定によって，同じ実例が理論事例としては異なる事例になることである。それに従い，因果メカニズムも大きく変貌する。因果過程追跡の課題が変貌するのである。

　実例としてのダイエーについて見てみよう。創業から1970年代初頭までの期間で観察すれば，流通革命を達成した急成長事例になる。それ以降，90年代初頭のバブル崩壊までの期間では，大型店規制や低成長経済による停滞事例になる。さらにバブル崩壊から21世紀の初頭にかけての期間で観察すれば，巨大企業の衰退・滅亡事例になる。以上の期間のすべてにわたり観察すれば，

日本の代表的な流通企業の壮大な盛衰事例になる。

　時間範囲を決める際に重要なことは，まず時間軸の終点を明確に設定することである。言い換えると，研究課題をできるかぎり明確に設定することである。このために，研究者の関心ある結果が歴史的にほぼ完全な形で現れた時点に注目しよう。例えば，上記のダイエーの急成長事例を例に取ると，終点候補の1つは三越を抜き小売業売上高が流通企業で日本一になった時点（1972年）であろう。

　この結果を生み出した過程はいつから始まったのか。これには，結果を生み出した因果メカニズムについて明確なイメージが必要である。因果メカニズムを過去にたどっていけば，始点が設定されよう。ダイエーの場合，それは強い低価格訴求力を持つ総合量販店の全国展開であった。この戦略の出発点は神戸三宮店の大成功である。したがって，出発点は三宮店の開店時点（1958年）である。

◆空間範囲の設定

　空間範囲とは，因果過程追跡する際に対象とする地理空間の範囲である。現実の地理的範囲とは，結果を生み出す行為者（企業や消費者など）の活動やそのコンテキストが及ぶ地理的範囲である。研究課題によって，この空間範囲の現実は多様である。政府の公共政策・法律などは全国にまたがる。企業活動はそれにとどまらず，国際化に伴い国境を越える。消費者行動の多くは実店舗に関するかぎり狭い地理空間に限られるが，ネット通販の普及につれてますます広域化している。

　因果過程追跡の際には，資料を集め観察する空間範囲を設定する必要がある。この際の問題は，研究者の時間と資金の制約である。空間範囲を拡大していけば，それにつれて時間と資金がヨリ必要になる。ウォルマートの成長過程を因果過程追跡しようとすれば，膨大な時間と資金が必要だろう。その

活動が全米各地だけでなく，グローバルに展開しているからである。

　研究テーマにより，観察すべき空間範囲は異なる。空間範囲の設定様式は極めて多様である。日本国内に限定してよいか，それとも国際的に拡大して観察すべきか。国内に限定するにしても全国が対象か，それとも首都圏など特定地域に限定してよいか，都市部だけでよいか農村部も含めるべきか，一都市など狭い特定地域に限定してよいかなどである。国際的に拡大する場合でも，設定様式は同じく多様である。世界中が対象か，発展国に限定するか，特定国に絞り込むのかなど，多様な設定がある。

　適切な空間範囲の設定は，まず研究課題によって異なる。たとえばメーカーの活動などは国際化しているけれども，その生産活動は地域的に集中している。また，そのマーケティング活動も小売段階まで統合や系列化を行っていないかぎり卸売り活動が中心になり，地域的に限定されている。これに対して，流通企業の実店舗活動は一国の内部でも広域化している。消費活動の場合には地域分散化がさらに広がることになる。

　実際問題として，多くの研究では，課題によって要求される水準よりもはるかに低い水準の空間範囲で行う場合が多い。その最大の要因は研究時間と費用の制約である。経営学では自然科学などと異なり，その研究成果をヨリ早期に出すことを求められている。研究成果の情報価値が時間とともに急速に低下するからである。また，費用の制約もある。ほとんどの経営研究者はたかだか数百万円程度の研究費しか持っていない。

　さらに国際的に拡大して因果過程追跡しようとすれば，研究者の言語能力も重要な制約要因になる。諸外国で因果過程追跡しようとすれば，その国の言語を習得しておく必要がある。ヒアリングや資料解読に際して，英語だけでなく当該国の言語習得が不可欠になる場合が多い。個人の語学力だけでなく，国際的な共同研究も不可欠の手段になろう。

◆分析水準の設定

　理論事例はいくつかの分析水準で設定できる。分析水準とは，特定事例を観察する際の集計水準である。主要な水準として，ミクロ，メゾ，マクロがある。

　消費事例を例に取ると，ミクロは個人の消費者行動レベルである。マクロは日本全体の消費水準など，市場全体の消費者行動を集計した水準である。企業事例では，ミクロは個別企業及びその内部組織，マクロは経済界全般などである。ミクロ水準での焦点は，消費者や企業の自律的な行動にある。一方，マクロ水準では消費や経済の構造に焦点がある。構造とは，消費者や企業の行動・活動を安定的・持続的なパターンに形成する諸要因から構成されている。消費者所得水準，企業規模格差，大都市への人口集中などはその代表的な例である。

　メゾはミクロとマクロの中間領域である。ここで，マクロの構造とミクロでの自律性が交錯する。メゾは多様な形で設定できる。消費事例では性別，年齢，所得，居住地域など，社会経済的特性やライフスタイルで区画された細分（セグメント）水準での消費者行動である。男性消費者と女性消費者，若者層・中年層・高齢層別の消費者行動，富裕層・貧困層・その中間層別の消費者行動，大都市圏・地方都市・農村別の消費者行動などである。ライフスタイルの区分は多様であり，時代によっても大きく変貌する。この十年間に，家族型消費だけでなく，単身型消費が大きく増加した。

　企業事例の場合には，特定産業とその内部での規模別グループ，その産業製品の流通システムだけではない。企業戦略タイプで区画した種々の戦略グループなどがある。例えば，その産業市場での覇権をねらっているトップ企業グループ，その地位に挑戦しようとしている挑戦者グループ，さらにニッチ市場をねらっている企業グループがある。

　消費者にせよ企業にせよ，同じグループ内では，そのメンバーの行動は相

似する傾向があり，かなり同質的である。一方で異なるグループに所属する
と，それらの間でメンバーの行動差異が大きく異質化する傾向がある。行為
の同質性は同じグループに所属し同じようなマクロ的構造要因の影響を受け
ているからであり，行為の異質性は，グループ間でのマクロ的な構造差異に
よって生み出されている。いずれにせよ，メゾはマクロ的な構造要因とミク
ロ的な行為主体の自律的な意思決定がぶつかり合う場である。

　分析をどのような集計水準で行うべきか，また複数の分析水準を合わせて行
うべきか。それは研究課題として設置した結果の概念的性質によるといえよ
う。それはミクロ，メゾ，マクロのいずれの現象と見なすべきか。また，そ
の結果を生み出す因果メカニズムがどのような集計水準で，あるいは複数水
準で顕著に表れるのか。これらの検討によって，適切な集計水準が定まるで
あろう。

第 2 章

因果過程追跡の
ロードマップ

　因果過程追跡のねらいは，原因と結果を連結する因果メカニズムの究明にある。それは原因がいかに結果を生み出していくかの因果過程であり，「なぜだ？」という問いへの解答である。この因果メカニズムが特定事例を超えていくつかの事例にも該当するとき，それは理論と呼ばれる。

　因果過程では，原因がコンテキストや介在要因と連結して結果を生み出していく。介在要因は原因と結果の間を媒介する要因であり，原因は因果メカニズムを始動させる条件である。コンテキストは因果過程が作用する場，つまりその環境である。これらの要因間の連結様式が因果メカニズムである。理論ではこれらの過程要因が複数の事例にまたがり共通しており，その意味で体系的である。

　因果過程追跡では因果メカニズムを追跡する。このためにどのような作業が必要になるのか。遂行すべき基本作業の順序をロードマップと呼ぼう。目的地に到達するための通常のロードマップと同じように，因果過程追跡のロードマップは，因果メカニズムの解明に必要な基本作業とその遂行順序を示している。これから行うべき過程追跡の作業計画の大綱である。

　歴史型の因果過程追跡は，ロードマップの相違によりいくつかの基本タイプに分かれる。代表例を挙げると[1]，

　・結果説明型：特定の歴史結果の包括的な説明。
　・理論検証型：メカニズムの既成理論の検証を目指す。
　・理論構築型：因果メカニズムを経験データから新たに理論構築する。
などである。

　これらは主要課題から見たタイプ分けである。直面している状況に応じた，各タイプの使い分けが必要になる。しかし，作業という観点から見ると，部分的に重なり合っているため，方法論の手引きとしては必ずしも明確な類型化とはいえない。以下では研究状況に立ち戻って，ロードマップをヨリ体系的に整理してみよう。これは理論の構築や検証の詳細な議論に先立ち，作業

1）Beach, D., and R. B. Pedersen（2016）, *Causal Case Study Methods: Foundations and Guidelines for Comparing Matching, and Tracing*, The University of Michigan Press. ではこれらの基本タイプ以外に理論修正型（因果メカニズムの部分的修正を目指す）を挙げている。本書ではこれを理論構築型の一部に含めている。

の全体図を把握しておくために便利であろう。

1. 研究状況がロードマップを決める

　因果過程追跡には，大学や研究機関の専門家・学生だけでなく，企業や行政体の実務家も従事する。彼ら・彼女らを一括して因果過程追跡の研究者と呼ぼう。これらの研究者は因果過程追跡に際して，特定の研究状況に直面している。個々の研究状況により，過程追跡のロードマップは異なってくる。研究状況は研究者の関心と因果関係知識によっていくつかの状況タイプに区分けることができよう。

▶研究者の関心

　一般的なリサーチ・デザインと同じように，[2]因果過程追跡を行おうとする研究者の関心も3種の源泉に根ざしている。個人，産業界・社会，そして学界である。これらの世界で多くの人の関心をひいている問題は何だろうか。これらが研究者の関心の源泉である。

　個人の関心は研究者が一個人として持つ関心であり，他人はいざ知らず各人がそれぞれ個性的に持つ関心である。この関心のみを源泉とするかぎり，研究者の関心はおたく型と呼べよう。一方，産業界・社会を関心の源泉とすれば，その関心はこの世界が直面している問題の解決に関連し，また他者と共有されることになる。この種の関心のみを源泉とすれば，その関心は実務型と呼べよう。学界を関心の源泉とすれば，その関心は理論の構築や検証に向かうことになる。この種の関心だけを持つかぎり，その関心は象牙の塔型と呼ぶことができる。

2）田村正紀（2006）『リサーチ・デザイン：経営知識創造の基本技術』白桃書房。

　産業界・社会を関心源泉とすれば，因果過程追跡は実践的な結果説明型になる。企業，業界あるいは社会で生じた重要な結果がなぜ生じたかの追求が課題になる。学界を関心源泉とすれば，過程追跡は理論型になる。理論の検証，修正あるいは構築を目指す。個人を関心源泉にすれば，因果過程追跡は結果説明型と理論型の一方あるいはその両方にまたがる可能性がある。

　一般的に見ると，研究者の3種の関心は部分的に重なり合い，図2.1のベン図のような関心タイプの重層化構造を示す。半世紀前ぐらいまでは，大学での研究者の関心タイプは②や⑥が多く，産業界・社会では④や⑦のタイプに所属していた。しかし現在までの半世紀の間に，産学協同化が大きく前進して，現在では①や③の関心タイプを持つ研究者が急増した。この関心構造の変化により，因果過程追跡に求められる課題も複雑化している。産業界での主要関心は理論の裏付けを求められ，学界の主要関心である理論に実証や実践的有用性が求められるようになったからである。

図2.1　研究関心タイプの重層的構造

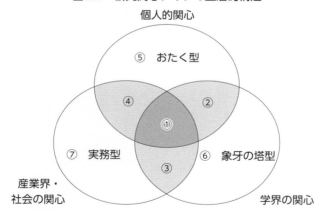

出所：田村正紀（2006）『リサーチ・デザイン：経営知識創造の基本技術』白桃書房。

▶因果知識の状態

　対象事例について研究者が持つ因果知識の状態も，因果過程追跡のロードマップに大きく影響する。因果知識の状態とは，対象事例の原因，結果，コンテキスト，そして因果メカニズムのそれぞれについて，研究者が持っている知識量である。これらを基軸として，因果知識の状態とそれに対応する過程追跡のロードマップは，表2.1に示すようにA〜Fの過程追跡タイプに大きく区分できよう。

　結果も原因もわからない場合，その事例（F）は，そもそも因果過程追跡の対象にならないような無関連事例である。したがって，因果過程追跡の対象からは除外される。過程追跡が対象になる事例は，結果あるいは原因のいずれかあるいはその両方に研究者が関心を持つ事例（AからE）であろう。残りの事例の中で，従来の過程追跡研究は対象事例をA〜Cに絞ってきた。研究者が結果と原因の双方かあるいは結果を知っている事例である。この種の事例について，ロードマップは因果知識の状態によって，理論の検証型（A），

表2.1　事例についての因果知識の状態と対応タイプ（A〜F）

		結果知識	
		有	無
原因知識	有	（A）因果メカニズム知識：有 　　→理論検証型 （B）因果メカニズムの知識：部分的 　　→理論修正型	（E）どのような結果が生まれるか 　　→未来結果構想型
原因知識	無	（C）因果メカニズムの知識：無 　　→理論構築型 （D）何が原因か知らない 　　→結果説明型	（F）因果過程追跡には無関連

修正型（B），構築型（C）に三分されてきた。

　ここで理論とはこの因果メカニズム（原因がどのように結果を生み出すのか）の知識のことである。理論には，科学知だけでなく，実践知も含まれている。科学知は主として学会などで蓄積される。一方，実践知には，経営者の信念や組織などで実務経験から蓄積される現場知識も含まれている。経営学者などの実証研究では，科学知と実践知が交流することが多い。

　因果過程追跡の従来の方法論研究は，主として理論型（検証型，修正型，構築型）のロードマップを描いている。原因と結果についての知識を前提にして，両者を結ぶ因果メカニズムの解明手法の開発が主要課題になる。因果メカニズムの既存理論があるときには検証型になり，ないときには構築型になる。修正型はこの中間に位置し，既存理論の部分的修正を目指している。

　これらの理論型のロードマップは，産業界よりむしろ学会の関心を強く反映している。しかし学会での先端研究者や産業界などでは，因果への関心はこの種の理論型を越えてさらに広く広がっている。

　1つは，結果は明らかであるが，因果メカニズムを問う前に，その原因についてはほとんど闇の中にある事例である。例えば，名門企業東芝の不正会計事件などのように，発生当初ではその原因の全貌は明確にわかっていない。またメルカリなど，CtoC（消費者間）の取引媒介を基盤とする新企業の台頭基盤なども，インターネットの普及以外，原因の全貌は定かではない。このような事例での因果過程追跡は結果説明型になろう。

　他の1つは同じように，因果メカニズムを問う前に，結果が定かでない事例である。例えば，コロナ禍の拡散はそれが収まったとしても，その後の消費生活や流通システムにどのような変化を生み出していくだろうか。これは未来結果構想型の過程追跡である。現代世界を席巻しているGAFA（グーグル，アップル，フェイスブック，アマゾンの4社）の成功は，ITが社会に及ぼす影響についての未来結果構想型の因果過程追跡の成功を成長基盤にして

いる。

2. 結果説明型のロードマップ

　産業界など実務の世界では，理論よりも実際の歴史的結果がなぜ生じたかに，ヨリ強い関心を持っている。この点を意識しているのだろうか。因果過程追跡の従来の研究は理論型に加えて，結果説明型の過程追跡も提示している。結果説明型の関心は理論ではない。多くの人が関心を持つような興味深い歴史的に重要な事例が示す結果である。なぜそのような結果が生じたのか。その説明が主要な関心事である。

　流通領域での具体例をいくつか示してみよう。ユニクロやニトリは，なぜ急成長できたのか。セブン‐イレブンの客単価が他のコンビニに比べ一段と高くこの格差が長年にわたって縮小しないのはなぜか。メルカリの台頭は何を基盤にしているのか。全国の商店街はなぜ軒並みにシャッター街となったのか。かつて流通革命を先導して日本一の流通企業になったダイエーはなぜ消滅したのか。寡占メーカーの流通系列化政策はなぜ衰退したのか。アマゾンはなぜ日本の流通市場も席巻したのか。

　作業内容という点から見ると，結果説明型は3種の理論型とは大きく異なっている。そのロードマップは3種の理論型と同じような分類軸上に位置づけられるような類型ではない。この特異性は結果説明型の実践的関心から生じている。それは対象事例に特殊な歴史的結果の十分な説明だけに向かっている。結果説明型のロードマップの特徴を要約的に示すと，表2.2のようになろう。

　結果説明型は，単独事例での重要な歴史的結果を説明するのに十分な原因を探ろうとする。この際の結果は固有名詞で表現される特定の出来事である。

表2.2　結果説明型のロードマップの特徴

・結果を広範囲に概念化する。
・広汎な結果を説明するため，因果メカニズムも広範囲に定義する。時空間を越える一般的な体系的メカニズムだけでなく，その事例に特殊な出来事系列からなる非体系的メカニズムも取り上げる。
・既存メカニズムで検証できない結果部分について，理論構築を行う。

例えば，セブン - イレブンはなぜ数十年間に及ぶ長期持続成長を維持してきたのか。十分な原因とは，結果の重要な側面のすべてを説明する原因群である。[3]理論型の因果過程追跡の場合，仮定した因果メカニズムが対象事例で作用しているかなど，説明すべき結果を特定側面に絞り込むのと対照的である。

　説明すべき結果が広範囲で多元的になるため，結果説明型では理論型に比べて，検討すべき因果メカニズムも広範囲になる。

　理論型では説明すべき結果は狭い範囲に絞り込まれている。この結果を念頭に，既存理論があれば，その検証や修正を試みる。既存理論がなければ，その結果を説明する因果メカニズムの構築を試みる。

　これに対して，結果説明型では結果の説明に役立つメカニズムは何でも使う。いわば混合的・折衷的なメカニズム使用である。既存理論を検証のために用い，既存理論がないときには新たに理論構築を行おうとする。ここで用いられるのは，このような，多くの事例への適用可能性を持つような理論的・一般的な体系的メカニズムだけではない。その事例にしか該当しないような非体系的メカニズムさえも導入する。それは多くの場合，その事例での特殊な結果を生み出した出来事や過程の系列からなる。

　結果説明型のロードマップでの作業は包括的である。理論型で行われるような理論の検証，修正，構築といった作業をその一部として含んでいるだけではない。さらに体系的なメカニズムにかかわる作業だけでなく，メカニズ

3）十分な説明を目指した研究例として，田村正紀（2014）『セブン - イレブンの足跡：持続成長メカニズムを探る』千倉書房を参照せよ。

ム概念を拡大して，非体系的なメカニズムの検証，修正，構築さえも試みる。この包括性は，結果説明型での目的が対象事例の結果の十分な説明のみにおかれていることから生じている。包括性はこの目的の実現を目指したプラグマティズム（実用主義）の表れである。

　結果説明型による因果過程追跡は，推論様式から見ると演繹（理論検証型）だけでも，また帰納（理論構築型）だけでもない。結果説明型での因果推論は，仮想した因果メカニズムの正当化と発見という2種の文脈の狭間を揺れ動いている。理論と経験を並置して二兎を追いかける。目指す到着点は特定事例に対する最良の十分な説明だけである。

　結果説明型での因果推論様式は，アブダクション[4]（仮説的推論）に類似している。この様式によると，何よりもまず，十分に説明したい結果がある。そして，それを説明できる原因仮説を設定する。もし既存理論があれば，それを使って説明しようとする。それで実証できないときには，新しい原因仮説を経験データからボトムアップ式に帰納して設定する。経験データがないときには，類比や自己の構想力を駆使して大胆な仮説設定を行い，それに基づき結果を説明しようとする。

　結果説明型は，理論型と同じような分類軸に基づくような，因果過程追跡法の類型化ではない。第1に，検証型や構築型など理論型での追跡法をその一部として含むような統合的な過程追跡法である。

　第2に，理論型の射程を超える範囲にまで，因果メカニズムの探索を行う。非体系的な因果メカニズムを導入したり，原因探索型（表2.1のD）の過程追跡もその一部として含むこともあるからである。これは理論型とは関心を別にするからである。他の事例でも妥当するようなヨリ一般的な因果メカニズムの発見や検証を目指すのではなく，ただ対象事例の結果を十分に説明することだけに関心がある。

4）米盛裕二（2007）『アブダクション：仮説と発見の論理』勁草書房，参照。

3. 理論構築型のロードマップ

　理論構築型は，原因と結果を結ぶ因果メカニズムを理論として新たに構築しようとする因果過程追跡である。理論であるから複数の事例にまたがって，ある因果メカニズムが妥当することが期待されている。その研究課題は，因果過程追跡の種々な型の中では，極めて挑戦的である。理論構築型では，理論検証型にはない理論構築という段階を踏まねばならないからである。いったん理論を構築してしまうと，その検証は理論検証型と同じような検証ステップを踏むことになる。したがって，以下のロードマップでは理論構築のステップにのみ焦点を当てよう。

▶使用状況

　どのような状況で理論構築型が必要になるのだろうか。従来，その使用状況については，次の2つの状況が指摘されてきた。[5]

(1) 原因と結果の間に相関関係などがあることはわかっているが，理論がなくそれを生み出す潜在的メカニズムが未知である場合

(2) 結果はわかっているが，その原因がわからない場合

　研究者の知識状態は，状況（1）に比べて状況（2）の方が低い。原因がわからないからである。新現象にかかわる事例では，このように結果は明確であるが，その原因がわからないというような研究状況がしばしば発生する。例えば，セブン-イレブンやメルカリなど新業態が急成長した場合である。特に外部者にとっては，急成長という結果は明確であるが，それを生み出した原因が十分にわからない。この場合には，まず原因を特定した上で，因果メカニズム（理論）を探ることになる。

　いずれの研究状況にせよ，理論構築型は歴史型の過程追跡であることに変

5) Beach, D., and R. B. Pedersen (2013), *Process-Tracing Methods: Foundation and Guidelines*, The University of Michigan Press; Beach, D., and R. B. Pederson (2016), *Causal Case Study Methods*, The University of Michigan Press.

わりはない。この理論構築型に極めて似通った因果過程追跡型に未来の結果構想型がある。ほとんどのイノベータの未来に向かっての行動はこの未来結果構想型である。この型では原因知識はイノベータの革新構想の形をとって存在している。わからないのは因果メカニズムが想定通り働き，期待した結果が実現できるかどうかということである。

　15世紀末にコロンブスは，地球球体説を信じ，黄金の国ジパングへの最短経路を発見すべく大西洋を西に向かった。この航海はまさに結果構想型の過程追跡である。ほとんどのイノベータの行動はこのコロンブスの航海に似ている。手段（西に向かう航海）と理論（地球球体説）はあるが，それが期待通りの結果（ジパングへの最短航路の発見）を生み出すかどうかはわからない。結果構想型の因果過程追跡は，実践活動を通じて期待した結果に至る道筋（因果メカニズム）を発見していく未来指向的な過程である。

　因果メカニズムを新たに実証するという点では，結果構想型は理論構築型に似ている。相違点は理論構築型が過去の歴史的事実を説明しようとする歴史型の過程追跡であるの対して，結果構想型は未来指向型の過程追跡であるという点にある。理論構築型では結果と原因のいずれかあるいは両方が歴史的事実として深く錨を下ろしている。そこでの未知の世界は因果メカニズムである。一方，結果構想型で既知なのは原因だけで，因果メカニズムは想念としてあるだけで，それが期待通りに働くかどうかはまったく不確実である。

　このような相違によって，結果構想型の過程追跡作業は理論構築型と大きく異なることになる。そのため，以下では歴史型過程追跡の基本作業を検討することにしよう。

▶3つの段階

　理論構築型のロードマップは3つの段階を踏む。

(1) まず，対象事例データを時間軸（タイムライン）で整理する。

(2) 次に，潜在的な原因を探りながら，因果図を作成する。

(3) 最後に，因果図の背後にある因果メカニズムの理論・概念を構築する。

◆対象事例データを時間軸で整理する

　事例は多くの出来事から構成されている。出来事は人間あるいは自然の振る舞いによって生まれる。行為の遂行が出来事を発生させる。事例データ収集に際しては，まずこれらの出来事を識別しなければならない。出来事のコンセプトを明確にしよう。このために，出来事を新聞報道などと同じように，5W1H，すなわち　When（いつ）Where（どこで）Who（誰が）What（何を）Why（なぜ）したのか　そしてどのように（How）遂行したのか？　という観点から整理しよう。

表2.3　出来事の主要側面

・時　　　間：行為遂行の時点あるいは期間。

・行為舞台：行為遂行が行われる場所。組織や市場の空間的場所。

・行為主体：誰の行為か。主体には個人，集団，組織のほかに，擬人化により自然も含まれる。

・行為種類：どのような活動か。出来事を進行させる行為主体の活動内容。動詞で表現される。

・行為対象：行為種類により変換されるモノや事柄。製品，ブランド，戦略，組織など。

・行為相手：行為主体の行為対象の変換を狙って働きかける相手，対象になる個人，集団，組織など。

・行為目標：行為相手や行為対象への働きかけの狙い。

　出来事はこれらの側面（要素）の複合体である。5W1Hとの対応で見れば，Whatの側面がさらに行為種類，行為対象，行為相手に細分されている。これは取引（transaction）行為としてのマーケティングや流通をヨリ精密に分析するために不可欠である。

　出来事生起表は，出来事を時間軸上で整理したものである。歴史学で登場する年表は，年度を時間単位とする時間表であり，スケジュール表などは月や週，日時を単位とする時間表である。出来事生起表においては，出来事によりそれが原因として発現する期間，また結果として影響を及ぼす期間は異なるけれども，出来事生起表の作成に際しては，その生起時点の年月日で整理していく。これにより出来事の発生経緯を容易にたどることができる。

　出来事生起表を出来事の非定型データベースとして作成しておくと，以降の研究作業がヨリ効率的になろう。このために，いくつかの基礎資料を使うことができる。企業内部データを利用できない場合でも，いくつかの資料がある。例えば，消費市場の変化をたどる場合には，種々の年表を利用できよう[6]。市場環境や企業活動の出来事生起表を作成するには，半世紀ほど前には新聞記事のスクラップが主要な資料であったが，今でも近々の出来事の追跡には不可欠の作業である。

　かつてスクラップは長期にわたる根気のいる作業であった。しかし，現在では新聞記事のアーカイブによって，この種の作業は比較的簡単に終えることができる。日経テレコンの記事データベースを利用すれば，特定企業名を検索語にして関連記事を半世紀にわたって瞬時に収集できる。これをもとに，エクセルにより非定型データベースを作成すれば，事例研究の全般にわたりいつでも参照できる出来事生起表ができることになる。

　表2.4は筆者がセブン‐イレブンの長期持続成長を過程追跡した際に作成した非定型データベースの一部である。記事によって，本文が秘匿される場合もあるが，見出し文によって情報の核心部分が推測できよう。創業時から21

6）例えば，下川耿史・家庭総合研究会（2000）『明治・大正家庭史年表』，同（2001）『昭和・平成家庭史年表』，世相風俗観察会編（2001）『現代風俗史年表：昭和20年（1945）→平成9年（1997）』以上すべて河出書房新社，などは，消費生活の長期にわたる変遷をたどる際の便利な資料である。

表2.4　セブン‐イレブンの非定型データベースの一部

No	見出し	年月日	媒体	文字数	本文
1	特集・着実に伸びるコンビニエンスストア＝セブン‐イレブン豊洲―"生鮮品なし"	1975/4/21	日経流通新聞	0文字	著作権等のため，本文は表示できません。
2	特集・ヨーカ堂セブン‐イレブン，急成長コンビニの秘密。	1976/5/17	日経流通新聞	0文字	著作権等のため，本文は表示できません。
3	日本でコンビニ有効――ヨーカ堂のセブン‐イレブン100店記念で米サ社会長講演。	1976/6/10	日経流通新聞	0文字	著作権等のため，本文は表示できません。
4	ヨークセブン，取引問屋を半減，40社に選別。	1976/7/13	日本経済新聞夕刊	70文字	コンビニエンスストア，セブン‐イレブンの店舗網を広げているイトーヨーカ堂系のヨークセブンが，80社あった取引問屋を，半数の約40社に選別した。

世紀の初頭までで，記事件数は2万近くに上ったが，このデータベースと検索ソフトによって必要な記事は容易にアクセスできた。

◆出来事をブロックにまとめる

　出来事生起表は理論構築の基盤である。しかし，それから直ちに理論が生まれるわけではない。出来事生起表は多くの場合，膨大な出来事の時系列だけであって，それ自体が理論であるわけではない。実際，筆者がセブン‐イレブンの長期持続成長の因果過程追跡に際して出来事生起表を作成したとき，そのデータベースは2万件近い出来事の時系列から構成されていた。それは時間軸上に整理されているとはいえ，全体としてはいわば出来事の錯綜した

ジャングルであった。

　新現象にかかわる先端事例では特に，この種の研究状況が常態である。因果過程追跡にまだ不慣れな研究者ならば，それを前に立ちすくむかもしれない。しかし，因果過程追跡はこれを乗り越えなければ前に進めない。そこで，結果に至る因果の筋道をいかにして発見すればよいのだろうか。

　このための基本作業としては，まず出来事をその内容の類似性に基づきブロックにまとめる。出来事ブロックとは類似した出来事の集まりである。因果過程のもっとも基本的なブロックは，結果，原因，コンテキストからなる。出来事をまずこの3ブロックに分けよう。ブロック化すれば事例での因果過程の筋道がヨリ明確になる場合が多い。

◆因果図の作成と因果メカニズムの解釈

　次にブロック間の因果図を作成するとともに，因果図の背後にあると考えられる因果メカニズムを探らねばならない。

　因果過程追跡の「結果」は因果過程の最終結果であり，その事例に向ける研究者の関心事である。企業事例では，多くの場合，結果は企業活動の結果として生み出される。その中核は投資利益率，売上高や成長率，粗利益率，市場シェア，売上販管費率などの財務成果である。さらに市場標的の顧客に焦点を置いて，顧客満足，顧客忠誠，新製品浸透率といった「結果」もある。[7]

　原因はこのような「結果」を生み出すきっかけとなるような要因からなる。基本的にはそれは「結果」に影響力を持つ行為者の活動である。つまり，企業事例の場合には企業活動，消費市場の場合には消費者行動である。しかし因果過程追跡を成功させるには，これらの活動を捉える際に，「結果」に関連すると思われる特異な形態に注目することが有効であろう。企業事例の場合では戦略，消費者行動の場合には行動パターンがそれに該当しよう。

　原因と密接に関連する要因かあるいは環境要因がコンテキストである。それ

7）マーケティングに限っても，結果指標は多様である。主要指標の展望とその使い方については，田村正紀（2010）『マーケティング・メトリクス：市場創造のための生きた指標ガイド』日本経済新聞出版社を参照。

は行為者の活動の場や環境であり，活動の契機になったり，また活動の影響
力の発揮の仕方を様々な形で制約したりする可能性がある。企業活動の場合
には消費，競争，法律にかかわる環境要因などからなり，消費者行動の場合
には消費者の価値観・ライフスタイルの動向などがコンテキストになる。因
果メカニズムは，原因，コンテキストが相互作用して結果を生み出していく
様式であり，研究者はデータを解釈してその様式を概念化していかねばなら
ない。

◆使用例：セブン-イレブンのコンビニ構想

　理論構築型因果過程追跡の例として，セブン-イレブンの初期発展における
コンビニ構想を取り上げよう。

　イトーヨーカ堂でコンビニが構想された1960年代，日本の各地で大型店紛
争が吹き荒れていた。大手流通業の出店は，売場面積や営業時間について，し
ばしば大店法の規制範囲を超えて，全国各地での商調協における地元民主主
義によって厳しく規制された。自由に出店し活動できる業態はないか。その
候補として，米国で発展しているコンビニにいち早く目をつけたのがイトー
ヨーカ堂の鈴木敏文である。取締役会の反対の空気の中で，総帥伊藤雅俊の
承認だけを頼りに，70年代の初頭に米国サウスランド社との契約を取り付け
た。同社はすでに米国で4000店に及ぶコンビニのフランチャイズ・チェーン
を展開していた。

　日本でも米国生まれのコンビニが根付くだろうか。サウスランド社のマニュ
アルには，日本と米国との消費風土の違いへの適応については何も指示がな
かった。当時，いくつかの企業がコンビニに目をつけ，また通産省・中小企
業庁がその普及を推進しようとしていたけれども，想定するコンビニの具体
像は，売場面積，運営方式，営業時間，品揃え，特に生鮮食品比率，目標粗
利益率などの点で企業間で多様に分かれていた。まさに五里霧中の世界である。

8）田村正紀（1981）『大型店問題：大型店紛争と中小小売商業近代化』千倉書房。
9）通商産業省企業局・中小企業庁監修，流通経済研究所編（1972）『コンビニエンス・ストア・マ
ニュアル』流通経済研究所。

　70年代の中頃に日経流通新聞によって行われた「コンビニエンス・ストア調査」の結果はこの点を端的に示している。セブン‐イレブンの構想は以下のようになる。括弧内の数字はセブン‐イレブンの構想に含まれる各属性についての，同調査の調査対象全体に占める比率である。

- ・売場面積　　　100平米前後（20%強）
- ・運営方式　　　直営とフランチャイズの共用（7%）
- ・年間営業時間　年中無休（約10%）
- ・生鮮食品比率　原則として扱わない（4%前後）
- ・粗利益率　　　25%（2.3%）

　セブン‐イレブンのコンビニ構想は，これらの属性のほとんどについてユニークなポジショニングであった。[10]これらの属性を兼ね備えたセブン‐イレブンのコンセプトは，コンビニ開発を目指していた他社と比べるとまさしく異端であった。その構想は販管費を低く抑えて収益性を向上させるとともに，急速に店舗展開できることを主眼にしていた。

　次の作業は，因果メカニズムの概念化と操作化である。因果メカニズムは原因を結果に結びつける様式である。多くの場合，因果メカニズムは複雑に絡み合った部分から構成されている。各部分を明確に識別してその操作化を考えねばならない。例えば，1980年代初頭までのセブン‐イレブンの初期発展のメカニズムを取り上げてみよう。「栴檀は双葉より芳し」のたとえのごとく，セブン‐イレブンは第1号店出店の創業（74年）より5年後に東証二部上場し，その2年後には東証一部に指定替えを行った。この間の急成長を支えたのはブルーオーシャン・メカニズムである。

　それは新業態開発などにより無競争市場（ブルーオーシャン）を急速に開拓していく過程である。このメカニズムを通じて，急速な店舗展開と加盟店売上高が向上して，チェーン売上高を急速に成長させた。しかも，売上高に対するチェーン全体の販管費水準はほぼ一定に維持できたのである。

10）田村正紀（2014）『セブン‐イレブンの足跡：持続成長メカニズムを探る』千倉書房，第Ⅱ章参照。

　因果メカニズムの概念化に際しては，メカニズムの各部分を明確にすると
ともに，それらが原因と結果をどのように連結するかを明示する必要がある。
図2.2に示すような因果図を書いてみることはこの作業を容易にするだろう。
この図では，原因（戦略）と結果（成果）がメカニズムを通じて，どのよう
に連結されているかを示している。
　メカニズムの主要部分は4種ある。急速に店舗数を増やすメカニズム，そ
の店舗網での商圏をブルーオーシャンとして維持するメカニズム，受発注・
物流・広告宣伝など販管費を削減するメカニズム，そしてブランドの提供な
ど有力メーカーの協力を維持するメカニズムである。図2.2はこれらの部分が

図2.2　因果図の例：セブン-イレブンのブルーオーシャン・メカニズム

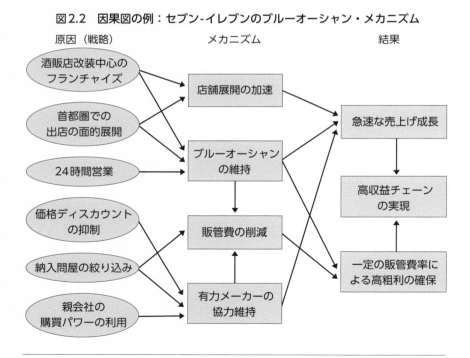

どのような戦略を基盤とし，一定の販管費率で高粗利を維持しながら急速な売上高成長を達成するかを示している。第5章でさらに詳しく説明しよう。

4. 理論検証型過程追跡のロードマップ

▶使用状況

結果説明型の過程追跡が極めて拡張的であるのに対して，理論検証型での過程追跡は極めて限定的である。因果過程追跡のロードマップとして，検証型は結果説明型の対極に位置しているといえよう。検証型では結果も原因もわかっている。さらにそれらを結ぶと思われる因果メカニズムも，仮説的にわかっている。これは既存理論，あるいは企業家など行為者の想念の中にある。未知なことは，この仮説的な因果メカニズムが対象事例で作用しているかどうかの確証だけである。

仮想した因果メカニズムが対象事例に存在しているのか，その確認が検証型の課題である。どのような場合に，検証型を使うのか。その使用状況には，2つのタイプがある。

◆該当する事例を拡大する

既存の因果メカニズム（理論）が新しい事例でも作用しているのだろうか。検証型の過程追跡では，原因も結果も明確であり，さらにそれらを結ぶ因果メカニズムも仮説的にわかっている。問題は対象事例の中で，そのメカニズムの存在を確証することだけである。他の事例でも同じ因果メカニズムが作用しているのか。この確証をつかむことにより，検証型は因果メカニズム（理論）の妥当する事例範囲を拡大する。理論的にいえば，中範囲の理論（因果メカニズム）の適用範囲を拡張するために使われる。

　例えば，「小売の輪」という理論[11]は，この種の検証を通じて有名になった。「小売の輪」は新業態発生という小売革新の登場メカニズムの理論である。この理論によれば，新業態はつねに価格ディスカウンターとして登場する。流通史には，百貨店，通信販売店，スーパー，ディスカウントストアなどの生成例がある。新業態がねらっている市場は新たに生じようとしている市場機会である。それは先行業態が同業態間競争の過程でトレーディングアップして，ディスカウンターとしての性格を喪失することによって生じる。

　小売の輪理論は，同じようなメカニズムが多くの新業態に当てはまるということを実証して形成された。

◆該当事例を探す

　仮説検証型のもう1つの重要な用途は，企業家の構想する因果メカニズムが該当する事例を探すことにある。これは流通イノベータの初期の行動によく見られる。この場合，原因，結果，そして因果メカニズムは，イノベータの構想力の中にある。このような店舗を作れば，素晴らしい成果が得られるのではないか。イノベータの胸中に去来するのはこの種の想念である。

　流通イノベータは革新想念を確証するために，実際に実験店舗や売場を作り想念を実証しようとする。チェーン展開を予定し，各店が小型店の場合には特に，この種の実験は費用面で容易である。その適例はイトーヨーカ堂におけるセブン-イレブン・ジャパンの初期のチェーン展開であろう。

　セブン-イレブンの第1号店となった山本酒店は東京都江東区の工場地帯にあった。酒店の改装によるフランチャイズ化によって開業した。そこには独身の新世代消費者が密集していた。かれらは当初の構想によって提供できる顧客価値をもっとも評価してくれそうな顧客層であった。しかし，それと同時に店舗開発部隊は，ロードサイド，オフィス街など種々の立地条件でも，当初の店舗構想が機能するか，つまり店舗コンセプトと成果の因果メカニズ

---

11) McNair, M. P., and E. G. May (1976), *The Evolution of Retail Institutions in the United States*, Marketing Science Institute.（マルカム・P・マクネア，エリナ・G・メイ，清水猛訳（1982）『"小売の輪"は回る―米国の小売形態の発展』）; Hollander, J. C. (1960), "The Wheel of Retailing", *Journal of Marketing*, Vol.25, No.1 ; Brown, S. (1991), "Variations on a Marketing Enigma: The Wheel of Retailing Theory", *Journal of Marketing Management*, Vol.7, pp.131-155.

ムがどのようなコンテキスト（立地）で働くかの過程追跡を実験していた。サウスランド社との契約では，81年までの8年間に1200店舗出店することになっていたからである。

　こうして，出店適地のノウハウを急速に蓄積し，80年代の初頭に後発のローソン，ファミリーマートが首都圏に乗り込んでくる前に，首都圏で隙間のない店舗展開をほぼ達成していた。セブン‐イレブンの成功が話題となっていた80年代のある日，筆者はイトーヨーカ堂の戦略展開についての意見を求められ，社長室で伊藤雅俊と二人だけで会談していた。その際，かれはセブン‐イレブンの成功に関して，「コンビニの市場は予想以上に深くかつ広いことがわかった」と語っていた。検証型の過程追跡の成果であろう。

▶対象事例の選択

　検証型の因果追跡で重要なことは対象事例の選択である。その基本ルールは

原因，結果，コンテキスト条件が類似した事例（典型事例）を対象にせよ

である。

　理論検証型では特定の既存理論（因果メカニズム）を設定する。それは，結果，原因，コンテキスト条件の関連様式からなる。これに照らすと，事例は図2.3[12]のように分類できよう。典型事例は原因も結果も既知の第Ⅰ象限の事例である。この種の事例について既存理論の因果メカニズムを確証できれば，理論の適用範囲をヨリ固めることができよう。

　セブン‐イレブンの先例に則していえば，原因は同社の店舗コンセプトからなる。当時の競合他社と比べたその主要な特徴は，まず百㎡前後の売場面積である。そこに渇き，空腹，喫煙など欲求を感じたらすぐに充足できる最寄り品を中心に品揃えを絞り込む。調理を要する生鮮食品素材はおかない。次

12) Beach, D., and R. B. Pedersen (2016), *Causal Case Study Methods: Foundations and Guidelines for Comparing, Matching, and Tracing*, The University of Michigan Press, p.315.

図2.3　特定理論に照らした事例分類

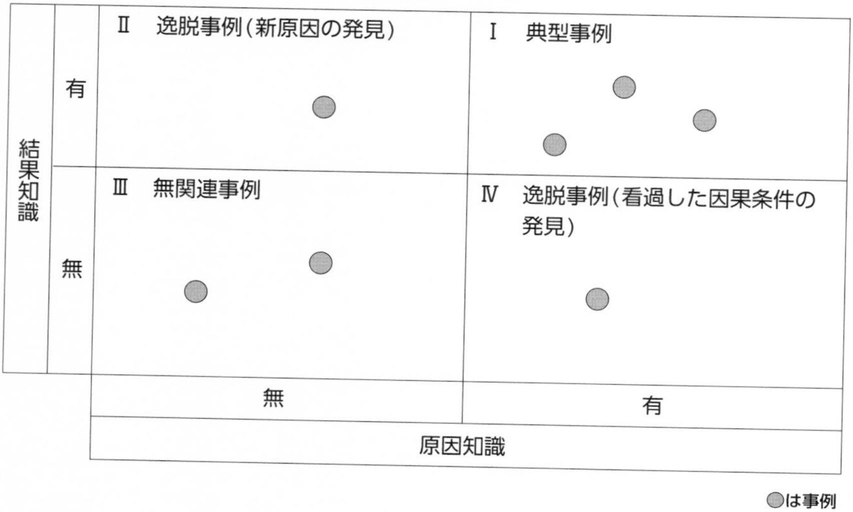

●は事例

に，長時間営業である。当初は朝7時から夜11時まで年中無休で，後に24時間営業に移行する。さらに，価格訴求をせず十分な粗利益率を確保しようとした。営業時間規制が厳しかった時代，24時間営業によってブルーオーシャンとも呼べる無競争な時間帯市場を作り出していた。

　セブン-イレブンのコンビニ展開は，同社のコンビニ・コンセプトがどのようなコンテキストで好業績を生み出すかの知識を蓄積するに貢献した。当初は若年の新世代消費者を標的にしていたけれども，そのコンセプトはヨリ年配の単身生活者，共稼ぎ世帯，高速道路の長距離運転者，ビジネスホテル宿泊者，サービス業などでの夜間就業者などに広く拡大していたのである。晩婚化，単身化，女性の社会進出，サービス経済化の進行など，70年代に胎動しはじめた社会経済構造の変化がこの種の市場を拡大しつつあった。

　第III象限事例は，既存理論と同じような原因と結果をともに示していない。これは設定した因果メカニズムとは無関連の事例であり，この際の因果過程

追跡の対象からは除外される。

◆逸脱事例の効用

　いわゆる逸脱事例には２種ある。１つは原因不明だが結果の出ている事例（第Ⅱ象限），もう１つは原因知識はあるが期待した結果が出ていない事例（第Ⅳ象限）である。前者は看過していた新原因の発見に役立ち，後者は特にコンテキストなど看過していた因果条件の発見に役立つ。しかし，これらの事例についての因果追跡は，完全な理論検証型の因果追跡とはいえない。それは，いわば理論修正型の因果追跡である。このタイプは理論検証型と理論構築型の中間に位置している。

▶理論検証型の作業モジュール

　理論検証型のロードマップは，いくつかの作業モジュールから構成されている。モジュールとは作業の機能単位であり，相対的に独立し，入れ替え可能である。過程追跡タイプの相違は，その構成モジュールの組み合わせの相違である。図2.4は理論検証型のロードマップである。各ボックスがモジュールである。ボックスの右側は，各モジュールの作業課題を示している

◆典型事例の選択

　理論検証型では，検証の対象になる理論（因果メカニズム）が既知である。それは原因，結果，そしてコンテキストの関連様式を生み出す仮説である。理論検証型での過程追跡は，典型事例の選択から始まる。ここで典型事例とは，この理論が当てはまると思われる事例である。それは理論がいう因果メカニズムを端的に示している。結果，原因，コンテキスト，そしてそれらの関連様式が理論と類似している。

図2.4　理論検証型の作業モジュール

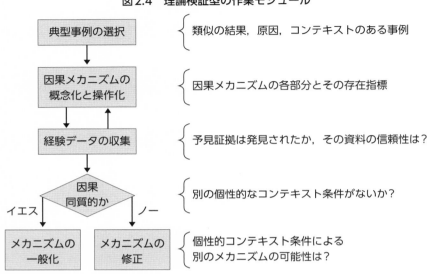

◆概念化・操作化とデータ収集

　図2.2のような因果図を書く際には，概念化（理論）とデータ収集（経験）が同時並行的に進行して交流する。この交流のパイプになるのが理論概念の操作化である。操作化によって理論概念の経験指標ができる。この指標によって，データ収集に取りかかることができるようになり，概念化した理論が現実に存在するかどうかを判断する。それと同時に，操作化した指標が理論概念を正確に表しているのかも判断する。この交流によって，理論は実証理論としてもヨリ精緻化していくことになる。

　指標のデータ源はますます拡大している。半世紀ほど前までは，主要なデータ源は企業内部で収集される定量データが中心であった。会計データや企業の行う市場調査，また企業外部で官公庁が行う指定統計調査や民間調査機関

図2.5　因果過程追跡のための代表的なデータ源

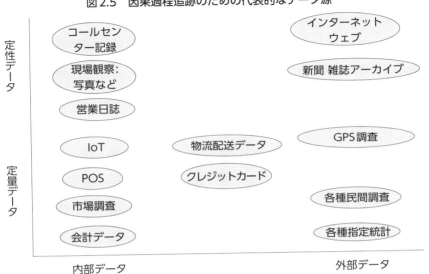

による調査書などが主要なデータ源であった。

　しかしこの半世紀の間にデータ源は質量ともに飛躍的に拡大した。それを推進したのはコンピュータを中心にした情報技術の飛躍的発展である。近年では，これを基盤にDX（デジタル・トランスフォーメーション）が加速しはじめ，企業活動や人々の生活に革命的な変革を起こしている。20から30の店舗を単位とするコンビニの面的展開を行ってもその開発機会は十分にあり，市場の壁にはすぐに直面しなかった。

　この変化の方向はまず定型データから非定型データへの拡張がある。従来のような計量データだけでなく，言語，写真などの非定型データもコンピュータで処理できるようになった。他方でPOS，IoT（モノのインターネット），クレジットカード，GPS（全地球測位システム），文書データ・アーカイブな

ど，情報の自動把握と記憶媒体の進歩により大量のデータ蓄積が可能になる。そして様々な情報源がインターネットなどで連結されるようになった。ビッグデータの時代の到来である。過程追跡における実証は，このビッグデータをどう利用するかにも大きく依存している。

◆因果メカニズムは同質的か

　理論検証型ロードマップの最終段階は，その理論（メカニズム）がどの程度に他のコンビニ・チェーン事例にも適用できるかのチェックである。つまり因果同質性のチェックである。このために必要な作業は，そのメカニズムのコンテキストが，事例間で同質的かどうかということである。コンテキストはメカニズムが働く場である。コンテキストが異なれば，それに応じてメカニズムは個性的になり，他事例への適応の妥当性はそれだけ低くなる。

　セブン-イレブンの初期発展メカニズムを例として取り上げてみよう。4種の部分メカニズムのうちで，販管費の削減と有力メーカーの協力維持のメカニズムは他のコンビニ・チェーンにも適用可能である。これに対して，店舗展開の加速とブルーオーシャンの維持というメカニズムは，初期発展期のセブン-イレブンに固有である。これらのメカニズムの機能様式は，セブン-イレブンが我が国最大の地域市場である首都圏に，後にコンビニの標準になる店舗フォーマットの先発者として参入したことに大きく依存している。

　東京，千葉，埼玉，神奈川にまたがる首都圏は，他地域に比べて断トツの人口集積を誇る。1960年代以降の高度成長過程でこの地域への人口移動がますます多くなった。事業所，観光地，大学などの集積も相まって，他地区から流入する人口も多い。それだけでなく，若手サラリーマンや学生は巨大な単身者市場でもあった。これらの流動人口は不夜城のような巨大な夜間人口を形成した。

　このような特異性を持つ首都圏市場に，セブン-イレブンは独自のコンビ

ニ・フォーマットの先発者として参入した。創業後の十年間で，ライバル企業のローソンやファミリーマートに比べてはるかに高い店舗展開速度を維持しただけではない。競争者が首都圏に参入しはじめる時期まで，そこをブルーオーシャン市場として構築してしまった。これによってコンビニ業態の首位に君臨する基盤を固めたのである。

　しかし，ローソンやファミリーマートも80年代になると首都圏市場に参入しはじめた。セブン‐イレブンも首都圏市場にとどまっているかぎり，やがて市場の壁にぶつかることは明らかであった。さらなる成長のためには，首都圏市場を防衛し，また他地区へ店舗を拡大することは不可欠であった。しかし，特に他地区への参入は，首都圏のように先発者としてではなく，後発者としてであった。その際，競争優位を維持するには新しい因果メカニズムを構築する必要があった。それが1980年代初頭における全店へのPOS導入を基盤とする情報武装メカニズムである。

　仮説検証型の過程追跡は，特定の因果メカニズムで連結される原因，結果，コンテキストの過程を対象にする。しかし，その発現に極めて長期を要する過程では，しばしば因果メカニズムそのものが変わる。言い換えれば，因果過程はいくつかの発展段階を経由して進行する。各段階間には重要な転換点を含んでいる。この種の長期過程を分析するには，短期的な因果過程追跡とは異なる，物語分析などの枠組みが必要になる。物語分析は複数の因果過程の長期にわたる重層的発展の過程を対象にする。それは本書の枠組みを超えている。

13）田村正紀（2014）『セブン‐イレブンの足跡：持続成長メカニズムを探る』千倉書房，図3.6（p.125）参照。
14）この種の枠組みについては，田村正紀（2016）『経営事例の物語分析：企業盛衰のダイナミクスをつかむ』白桃書房参照。

第 3 章

構成素材の概念化

　結果，原因，コンテキストをどのように概念化すれば良いのだろうか。概念化を行うには対象を定めて，それらに共通する特性を定義しなければならない。対象を定めるにはカテゴリ化が必要である。対象になるいくつかの事象を等価なものとして1つにまとめる。まとめた事象の集合体がカテゴリである。次に，その集合体に共通する特性を抽象化して定義しなければならない。それが概念である。概念はカテゴリについての知識であり，カテゴリの一般的特徴を定義したものである。

　因果過程追跡のいずれのタイプでも概念化は出発点である。事例のどこに着目するのか。概念化は写真を撮る際のピント合わせに似ている。概念が設定されないと，それらの関連様式としての因果メカニズムの解明にも取りかかれない。因果メカニズム自体も，種々な概念を通じてその全体像を把握される。建物などの構築物が種々な資材を構成要素とするのと同じく，概念は因果過程追跡という作業のもっとも基本的な構成素材である。

　因果過程追跡での諸概念は，まず結果，原因，コンテキスト，及びそれらの関連様式としての因果メカニズムの内包を示す。内包とは，概念が適用される事物に共通する属性の集まりである。例えば，贅沢品という概念は卓越品質，審美性，記号性，希少性，高価格といった属性を包含している。これらを合わせて贅沢品と呼ぶ。これが概念化の例である。

　概念は以上のような内包と同時に，その外延を持っている。外延とはその内包が指し示す現実世界の具体的事物である。贅沢品の例を挙げろといわれたら，例えばロレックスの時計，エルメスのバッグ，吉兆での食事といった例を挙げねばならないだろう。中世哲学の唯名論によれば，概念はただの名前に過ぎない。贅沢の具体的事物は存在するが贅沢そのものは実在しない。しかし，因果過程追跡で取り扱う概念は，唯名論のいうような現実世界から遊離した抽象的概念ではなく，現実世界に関連した実証型概念である。

　実証型概念の特徴は，概念とその指標がセットで使用される点にある。概念

は理論の内実を示し，指標は経験世界へその概念を架橋するために使う。例えば，贅沢という用語を理論概念として使用する際には，その指標を同時に考えておかねばならない。指標は例えば若者消費などの経験世界での贅沢の有無やその程度を測る物差しである。実証型概念では，理論概念とその指標がセットになっている。

　因果過程追跡のいずれのタイプでも，その構成素材として，実証型概念が中心的な役割を果たしている。事例の結果，原因，コンテキスト，そして因果メカニズムを記述する際に種々な概念が必要になる。構築型の因果過程追跡では，因果メカニズムを構想する際にいくつかの新しい概念形成が必要になる。一方で，検証型では理論が仮想する概念間の関連について経験的検証が主題になるが，その関連仮説を実証できない場合には理論の修正が必要になり概念の再構築が迫られる。

　このように因果過程追跡に際して中心的な役割を果たす概念を，どのように形成したらよいのか，その際の基本手順を示すことが本章の課題である。

1. 概念を三層構造で構築する

▶実証型概念とは何か

　ある特定事例で，その結果がどのような因果メカニズムを通じて生み出されるのか。その因果メカニズムでは，原因とコンテキストが結果にどのように関連しているのか。結果を生み出す因果過程を追跡するには，まず対象事例に見られる結果，原因，コンテキスト，そして因果メカニズムを，その事例が示す事実に照らして概念化しておくことが先決である。概念化とは事物を捉える概念を作ることである。

　辞書的な通常の定義によると，概念（concept）とは，事物の抽象的あるい

は具体的なイメージである。事物のいくつかの具体例に共通する特徴を抽出すれば，このイメージが意識に現れる。例えば，シャネルのスーツ，ダイヤモンド，ロレックスの時計，高級ワイン，シャガールの絵画，神戸牛ステーキ，レクサス，帝国ホテルなどは，高価格，希少性，ステータス記号，審美性，卓越品質といった贅沢の特徴・属性を併せ持っている。

　これらの属性に共通した統合イメージが贅沢という概念で呼ばれるのである。同じように，トンボ，蝶，蝉，カマキリなどは形状や生態は様々であるけれども，共通の特徴を持つ。複眼，4枚の羽根，6本の足である。この共通属性に基づいて，この種の虫は昆虫という概念でくくられ整理される。贅沢や昆虫という概念は具体的事物を分節するための整理箱になっている。

　因果過程追跡で使用する概念は実証型概念であるから，単にその概念の意味だけを問うのではない。さらにそれは存在論的であり，因果的であり，そして写実的でなければならない。存在論的とは，現象を構成するものは何かということである。因果的とは，因果的な仮説，説明，メカニズムで重要な役割を果たす現象の属性を識別するということである。そして，写実的とは現象の経験的分析に関与するということである。因果過程追跡で使用する概念は，現象がどのような形をとって存在しているかを問う。このために概念は現象を構成する基本的な諸要素（属性，次元）を識別して，それらを指標を通じて経験世界に関連付ける。

　因果過程追跡での概念がこのような特質を備えねばならない理由は，他の実証的な社会科学研究での概念[1]と同じく，研究対象の特性から実証性と多元性が概念化に際して求められるからである。実証性とは，概念が現実の経営世界に何らかの意味で対応しているということである。それは企業の組織，戦略，活動，あるいは競争，消費者行動，技術進歩，法規制など，企業環境として総称される諸要因の現実的存在の特性，属性にかかわっている。

　多元性とは，これらの特性はただ1つだけではなく，1つの概念が内包す

1）G. Goertz（2006），*Social Science Concepts: A User's Guide*, Princeton University Press.

る現実的存在の特性は複数あるということである。各特性を概念の側面と呼ぶとすれば，因果過程追跡で使う概念は複数の側面を持つ多元的な概念である。例えば，高収益性，高成長といった企業成果は多面的に定義しなければならない。組織，ブランド忠誠，戦略，技術進歩，法規制などにかかわる概念も現実の複数の側面にかかわり多元的になる。

▶多階層的な概念化

実証性と多元性に応え，また概念を存在論的，因果的，そして写実的にするため，因果過程追跡では多階層的な概念化を行う。図3.1はポーターの競争戦略[2]を例にしてこの多階層の概念構造を示している。

まず基本レベルとして概念レベルがある。ここでの概念は理論における多くの基本命題や仮説に名詞として登場する。その際，命題や仮説において種々な形容詞（後記傍点部分）を伴う。集権的組織と分権の組織，高いブランド

図3.1　概念の多階層構造

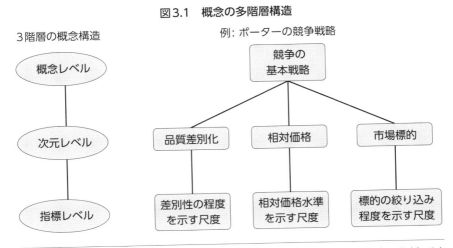

2）Porter, M. E. (1980), *Competitive Strategy*, The Free Press. （土岐坤ほか訳『競争の戦略』ダイヤモンド社，1982年）

忠誠と低いブランド忠誠，差別化戦略と廉売戦略などのように，組織，ブランド忠誠，戦略といった名詞が多様な形容詞で修飾される。基本レベルはこの名詞部分である。

　概念レベルの次に次元レベルがある。次元とは概念に含まれる属性側面である。例えば，贅沢が概念レベルであるとすると，高価格，希少性，ステータス記号，審美性，卓越品質などがそれぞれ次元になる。またブランド忠誠が基本レベルであるとすれば，反復購買，良好な態度，銘柄固執などが次元となろう。概念の多元性はこの次元レベルで明示的に表れる。多元性によって，概念が現実世界でどのように存在しているかが示され，因果メカニズムの解明で中心的な役割を果たすことになる。

　その次のレベルは指標レベルである。このレベルで，概念の各側面は指標を通じて経験データと関連するように操作的に定義される。その際，指標は名義，序数，距離，比例など，いずれかの測定水準により経験データで測定される。名義尺度はその属性があるかないかの二分尺度である。序数尺度はブランド忠誠についていえば，強い，普通，弱いといった順序のみが意味を持つ尺度であり，距離尺度は測定値間の差（距離）が意味を持つ尺度である。最後の比例尺度は売上高のようにゼロという原点が意味を持つ尺度である。[3]

　このように因果過程追跡で使用される概念は，概念，次元，指標という3階層構造を持つように構築する必要がある。3階層構造で次元レベルは中間に位置する。この位置によって，基本レベルの概念の適用対象が持つ共通属性を次元として内包するとともに，それらを経験世界での具体的事物へと架橋している。最後の指標レベルは現実の経験データにかかわる。統計分析などの実証研究ではこの指標を変数として使用している。

3）測定水準についての基本的な議論は，田村正紀（2006）『リサーチ・デザイン：経営知識創造の基本技術』白桃書房，参照。

▶概念化の主要領域

◆因果過程の全体像

　因果過程追跡に際して，どのような対象について概念化が必要になるのだろうか。因果過程追跡は，原因が結果を生み出していく過程を追跡する。このため，概念化が必要になる主要な領域は，結果，原因，コンテキスト，そして因果メカニズムである。因果過程追跡では，これらの領域は図3.2に示すように因果過程で関連していると考えている。

　矢印は因果力が働く方向を示す因果経路である。結果は研究者が関心を抱く因果過程の結末である。原因はその因果過程を始動させる諸要因から構成されている。因果メカニズムは，諸原因がどのように合いよって因果力を形成し結果を生み出していくかの仕組みである。因果メカニズムの主内容は，表3.1に示されている。

　しかし，原因だけでは結果を生み出さない。結果は原因とそのコンテキストの相互作用を通じて生み出される。コンテキストとは，原因が作用する場である。コンテキストに依存して，同じ原因と結果についても，その関連の有無，関連の性質などが変わるかもしれない。こうして因果メカニズムはコンテキストに条件付けられている。同じ原因が多様な結果を生み出すのはこ

図3.2　因果過程の全体像：主要領域の関連

表3.1　因果メカニズムの主内容

・結果を生み出すに際して，諸原因がどのように関連しているのか。

・これらの各関連はどのような特質を持っているのか。

・各要因と諸関連の全体はどのような因果ネットワーク構造を示すか。

・因果ネットワークの一部あるいは全体を統合するような仮説的構成概念があるのか。

のせいである。

　因果過程の全体像は，主要領域に関して概念化する際の基本的な順序を示唆している。この順序では，まず結果の概念化を終えてからその原因を探る。次に，原因と結果の関連様式に影響するコンテキストの概念化を行う。最後に，結果，原因，コンテキスト間の諸関連やその全体的な構造を生み出しているものは何かを，因果メカニズムとして概念化するのである。このような概念化の各段階で，留意しておかねばならない要点を次に展望しておこう。

2. 結果の概念化

▶結果とは

　事例が示す結果は，研究者の最大の関心の的である。実際に因果過程追跡の対象になる事例の選択理由はこの結果への関心に基づいている。流通に限ってみても，多くの人の関心をひく結果がある。

　なぜユニクロやニトリは，この数十年間に急成長を遂げたのか。百貨店の業績が軒並みに低下してきたのはなぜか。中小小売商はなぜ衰退し，多くの商店街がなぜシャッター街になろうとしているのか。アマゾンはなぜ，流通市場を席巻しつつあるのか。企業内でも多くの関心をひく結果がある。いく

つかの例を挙げると，売上高を飛躍的に伸ばしているブランド，原材料の高騰にもかかわらず好業績を上げる事業部，業績を上げているトップ営業パーソン，営業地域による業績のばらつき，新製品の開発スピードの低下，などである。

　因果過程での結果とは，それに先行する行動過程の結果である。マーケティングを例に取り，その行動過程をマーケティング行動体系と呼ぶとすれば，図3.3のようになる。

　体系には4つの基本要素がある。目的，マーケティング（MKT）活動，市場標的，そして市場成果である。これらは組織的意思決定過程，取引，市場調整，そして市場知覚という行動過程で関連付けられている。

　これらの行動過程は，循環的・累積的に進行して結果を生み出す。ある時点の結果が次の時点では原因となり，さらに新しい結果を生み出す。時の経過につれて，このような循環が繰り返され累積していく。一般的にいえば，結果は，それに先行する行動過程の産物である。専門分野により，行動過程のどの段階を結果として概念化するかは異なる。マーケティングや流通論では，因果過程追跡に際し主として市場成果に焦点を合わせて，その状態を過程追跡での結果として概念化する。

　このように焦点を設定しても，行動過程は結果を絶えず生み出している。例えば，市場成果としての売上高を取り上げても特定の年，月，日など，多様な時点で計測できる。因果過程追跡の対象になる結果を概念化するには，ある時点を設定して行動過程に時間的な区切りを入れた際の成果状態を見ればよい。問題はどの時点で区切りを入れるかである。例えば，2021年度末といった特定年度の売上高を，結果として単に取り上げるのはその一例である。この売上高はどのような因果メカニズムによって達成できたのか，これが因果過程追跡のもっとも単純な対象となろう。この種の結果が実践上でまったく無意味とはいわない。

図3.3　マーケティング行動体系

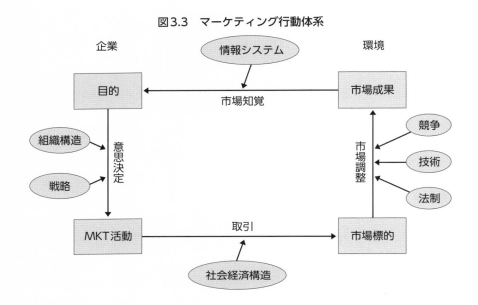

しかし，理論的あるいは実践的に有用な因果過程追跡を行うには，重要な結果を対象にすることが必要である。このために注意すべきことが2つある。1つは横断的あるいは時系列的な事例比較から見て，経営学的に意義のある結果を示す時点で切れ目を入れることである。もう1つは，ある特定の因果メカニズムの働きの完熟した結果を取り出せるように時間的区切りを入れることである。

　例えば，1972年8月時点のダイエー売上高である。これによりダイエーが三越を抜き小売売上げ日本一を達成した。これは象徴的な出来事であった。それまで日本小売業の覇権を握ってきた百貨店に代わりスーパーが業態として覇権を握ったことの象徴的な出来事だったからである。それは日本の流通革命が一応の完成を迎えたことを示している。同時に，この売上高は1960年前後から始まった，GMSの全国展開というダイエーのビジネス・モデルの産物

でもあった。

◆短期結果か長期結果か

　結果を選択する際，その実現に要した時間にも注意する必要がある。短期か長期かの区別である。この区別は，単に実現に要した時間的な長さではない。重要な点は，その結果が1つの因果メカニズムによって生じたのか，それともメカニズムの交代を通じた複数の継起的なメカニズムによって生じたのか，これらを区別することである。前者ならば，短期結果であり，継起的メカニズムの交代を含むならば長期結果になる。

　この意味で，1970年代初頭のダイエーの売上高は短期結果である。GMSの全国展開というメカニズムによって生み出されているからだ。これに対して，21世紀初頭におけるセブン-イレブンの売上高は，同社の創業（1970年代）以来の長期持続成長の産物であろう。この持続成長は，一連の因果メカニズムの交代によって支えられていた。それはブルーオーシャン・メカニズム，情報武装メカニズム，商根茎メカニズム，そして店舗工場メカニズムといったメカニズム進化からなる。[4]

　因果過程追跡の主要なコンセプト・技法は，主として短期結果の分析を意図して考案されている。本書の以下で議論する諸技法も同じように短期結果を分析するためのものである。それらは特定の因果メカニズムによって媒介される因果過程を対象にしている。長期結果を分析するには，成長，停滞，衰退といった過程の基本的性格やこれらの段階間の転換点についての分析用具が必要になる。それらは短期的結果の因果過程追跡をその一部として含む物語分析の枠組みで捉えるべきであり，本書の枠組みを超える課題である。[5]

◆成果階層に注目する

　マーケティング行動体系を取り上げるだけでも，その種々な段階に焦点を当

4）田村正紀（2014）『セブン-イレブンの足跡：持続成長メカニズムを探る』千倉書房。

5）物語分析の基本的枠組みについては，田村正紀（2016）『経営事例の物語分析：企業盛衰のダイナミックスをつかむ』白桃書房を参照。

図3.4　企業売上高を決める成果階層

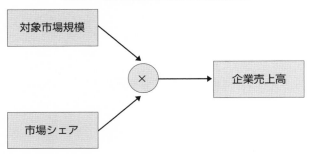

てることによって，因果過程の結果として概念化することができる。それは専門分野による関心の相違を反映している。組織論では組織構造を結果と見なし，原因としての戦略との関連を追跡するかもしれない。消費者行動論に関心があれば，標的市場の個人消費者が持つブランドへの関心，忠誠度，再購買意向など心理過程を因果過程の結果として設定し，マーケティング諸活動との関連を追跡するだろう。しかし，企業事例の因果過程追跡の結果としてもっとも重要なのは，売上高や投資収益率などの財務成果であろう。

　この種の財務成果を因果過程の結果として設定するときには，特に成果階層に注目する必要がある。例えば，企業売上高の成果階層について見ると，企業売上高は対象市場規模に市場シェアを乗じたものである。したがって売上高は対象市場規模と市場シェアの変化のいずれかあるいは両方によって生じる。

　しかし重要な点は対象市場規模と市場シェアでは，その変化の原因になる要因は大きく異なる点である。対象市場規模は社会経済的要因などその市場のコンテキストの影響を大きく受けよう。一方，市場シェアはその企業が持つ競争優位性により決まってこよう。結果をどのように概念化するかにより，原因の探索方向が決まってくる。

図3.5　階層構造複雑化の例：事業資産営業利益率の規定因

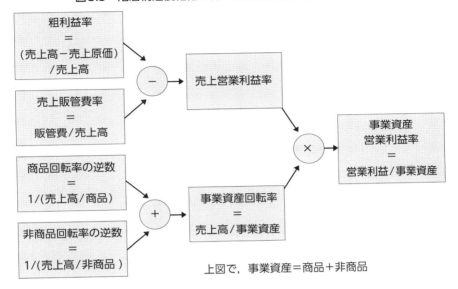

ヨリ一般的な成果であるほど，その階層構造は複雑化する。例として，事業資産の営業利益率を取り上げてみよう。これは営業利益を事業資産で除することにより得られる。ここで，

　　営業利益率＝営業利益÷事業資産

　　営業利益＝粗利益－販管費

であり，販管費は「販売費及び一般管理費」の略称，また

　　粗利益　＝売上高－売上原価

である。事業資産の営業利益率は，事業の収益性を一般的に表す代表指標の1つである。これを規定する階層構造は図3.5に示されている。

　　事業資産営業利益率は，売上営業利益率と事業資産回転率との積で決まる。前者はその事業の収益性を表し，後者は事業遂行の効率性を表している。事

業の収益性が高くなり，また遂行効率が高くなるほど事業資産営業利益率は大きくなる。成果階層をさらに下ると，売上営業利益率は粗利益率から売上販管費率を差し引いたものになる。また，事業資産回転率は商品回転率と非商品回転率のそれぞれの逆数を加算したものである。

3. 原因の概念化

▶理論の成熟度

　結果の概念化が終わると，次の作業は，原因の概念化である。原因とは結果を引き起こした主要な要因である。原因によって結果が生まれる。原因の概念化は，因果過程追跡で使う理論がどの程度に成熟しているかによって異なる。原因だけに着目すれば，理論の成熟度は図3.6のように類型化できよう。

　理論の成熟度の類型化は，定式化水準と原因の知識水準によってなされる。知識水準は，

　　無知　：何が原因かさっぱりわからない
　　部分的：原因候補のいくつかがわかっている
　　既知　：原因になる要因は明確にわかっている

の3段階に分けることができよう。

　経営学，特にマーケティングでは新生問題が多く発生する。例えば，新技術の登場や消費者行動の急変により，市場状況が急変する。インターネットやコロナの世界的流行による市場状況の急変はこの好例であろう。このような事態の発生当初では，企業業績など，結果の激変が生じているがその原因は皆目わからないことが多い。事態が進行するにつれて，原因と考えられるものがおぼろげに姿を現す。原因が部分的にわかってくる状態である。さらに事態が時間的に繰り返し発生したり，地理空間的に広範囲にわたり普及す

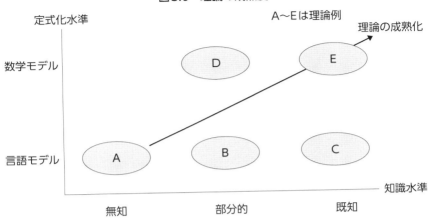

図3.6　理論の成熟度

れば，経験の蓄積によって原因となる要因についての知識は固まってゆく。

　理論成熟度のもう1つの次元は，理論の定式化の水準である。これは大別して2つに分けられよう。言語モデルと数学モデルである。言語モデルでは理論は言語のみによって記述されている。その際，結果Yと原因Xの関係性は，「Yの原因はXである」という言語表現で明記されるとは限らない。それ以外に，

　・YはXに関連している
　・YはXによって生み出される
　・YはXに規定されている
　・Yの変動はXの変動によるものである
　・Xが変動すれば，Yも変動する

といった類いの共変動記述などの多様な言語表現で記述される。

　因果命題という観点から見ると，これらの言語表現は，因果の方向性（YとXのどちらが原因でどちらが結果か），直接的な関連かそれとも中間に介在

要因を含む間接的な関連か，YとXの間の性質（比例か反比例か，一定かそれとも逓減あるいは逓増関係か，一方向関係か双方向関係か）といった因果関係の主要側面で曖昧なことが多い。これに対して，数学モデルでは，関数関係や方程式によってこれらの側面はヨリ明確に示される。特に，数学モデルが概念レベルから指標レベルで構築されるようになると，因果関係の主要側面はヨリ明示化されることになろう。

▶実地調査（フィールドワーク）と文献・資料探索

　原因の概念化が特に必要になるのはどのような時だろうか。これには図3.6の知識水準が影響する。知識水準が「既知」である場合には，原因は理論によって与えられている。ところが，無知や部分的知識の状態にあるときには，原因の概念化が因果過程追跡に当たっての研究者の重要な作業になる。この作業で基本になるのは，まず実地調査（フィールドワーク）と文献・資料探索である。これらから得た情報をもとにして，何が原因なのか，その概念化を構想しなければならない。

　実地調査では，関心のある事例の現場に研究者が自ら出向する。例えば多数の顧客を吸引し繁盛している店舗があれば，そこまで出かける。流通関係者は国内や海外でこの種の実地調査をよく行う。そこでは店舗の立地や造作，陳列商品，店員の対応，訪問客の客筋などを観察する。このような実地調査の過程で，研究者の念頭にあるのはこの店舗の吸引力の源泉である。そこから店舗の繁盛（結果）の原因を構想していくのである。可能であれば，その店舗のキーパーソンにヒアリングを行う。これは企業機密に関連してできないことが多い。その際によく使われるのは，問屋などその店舗の取引先へのヒアリングである。

　実地調査とともに文献・資料調査もよく行われる。その対象はまず新聞記

事・業界紙・雑誌などである。主要な媒体の記事については日経テレコンなどで容易に検索できよう。また上場企業の場合には有価証券報告書も重要な情報源になる。さらにその企業を対象にしたビジネス書や研究書があればそれも有用な資料になる。

　以上のような文献・資料調査は多くの場合，その事例の過程追跡に際して原因の概念化の資料になろう。しかし，それらが原因の理論概念をそのまま提供することは少ない。

　また革新事例については特に文献・資料は少なく，ほとんどを実地調査に頼らざるをえない。したがって，過程追跡に際して重要なことは数少ない資料から得られる情報をもとに理論概念としての原因を構想することである。そのためには，関連分野の理論文献を渉猟する必要も出てくる。経営学やマーケティングでは，社会学，心理学，文化人類学などの行動諸科学，経済学，哲学などでの理論概念が，理論概念としての原因を構想する際にインスピレーションを与えてくれることがしばしばある。

4. 因果メカニズムとコンテキストの概念化

▶因果メカニズムの特質

　因果メカニズムの概念化は過程追跡の肝であるが，もっとも難しい作業でもある。その証拠に，因果メカニズムとは何かについて多数の定義が併存して意見の一致がない[6]。それにもかかわらず，因果メカニズムが研究の焦点となってきたのは，その重要性についての共通理解が存在するからである。

　その共通理解の内容は，まず因果メカニズムは原因がどのように結果を生み出すのかを決める原因と結果の連結様式であること，そして次に，因果メカニズムの解明により，原因と結果の確率的な相関関係がなぜ生じるのか，ま

6）例えば，Mahoney, J. (2001), "Beyond Correlational Analysis: Recent Innovations in Theory and Method", *Sociological Forum*, 16(3). によれば，因果メカニズムについて21世紀の初頭まで35年間の社会学，政治学，科学哲学では24種の定義が提案されていた。

たそのブラックボックスが明らかになるだろうということであった。

　因果メカニズムとは何かについて，もっとも大きい意見の相違は，因果メカニズムが変数とは別の存在かどうかということにある。別の存在ではなく，因果メカニズムも変数の1種であるとする代表的な見解では，原因と結果の間にある介在変数の連鎖が因果メカニズムであると考える。過程追跡における原因や結果の概念が多属性でいくつかの属性を持ったり，また多階層的に構築されると，多くの介在変数を設定しなければならなくなる。因果メカニズムを介在変数の連鎖とする見解[7]はここに根を下ろしている。

　しかし，本書の以下ではもう1つの考え方を採用しよう。それは因果メカニズムを変数とは別の存在と考える。それは変数ではなく，諸変数の関連様式そのものの構成を生み出すヨリ根底的な過程である。この過程の概念化は構成概念に基づいて行われる。例えば，諸変数の関連様式は簡単な素描としては因果図で描くことができる。その因果図で諸変数の関連様式（基本的な構成）を決める過程が，因果メカニズムである。例えば，マーケティングにおける消費者行動論の出発点の1つ，J．A．ハワードとJ．N．シェスの消費者行動モデル[8]における諸変数は，「学習」という構成概念に基づいて組み立てられていた。

　因果過程追跡の方法論論議がもっとも盛んな政治学・社会学でも，因果メカニズムにかかわる構成概念が多様に開発されている。個人行動レベルでの構成概念としては，適応的期待や合理的選択がある。集合行為水準の構成概念としては，政策ラチェット（歯止め）効果，層別化，収益逓増，政策漂流などがある。構成概念は個人と集団の2種の集計水準の因果メカニズム概念として開発されている[9]。いずれにせよ，構成概念は原因が結果を生み出す本質的な過程を概念化しようとしている。いずれの研究分野でも，因果メカニズムの概念化は過程追跡の肝であるが，その概念化の成否は，魅力的な構成概念を開発できるかどうかに依存している。

7）この見解の代表は，King, G., R. O. Keohane & S. Verba（1994）*Designing Social Inquiry: Scientific Inference in Qualitative Research*, Princeton University Press. である。

8）Howard, J. A., and J. N. Sheth（1969），*The Theory of Buyer Behavior*. John Wiley & Sons.

9）Faletti, T. G., and J. F. Lynch（2009），"Context and Causal Mechanisms in Political Anaysis"，*Comparative Political Studies*, http://cps.sagepub.com

　この種の概念化に際して，研究者は因果メカニズムというものの特性を踏まえて概念化することが肝要である。メカニズムの特性には，まず，メカニズムの事例間移転可能性がある。同種のメカニズムが異なる事例にわたっても作用することがあるということである。この特性を踏まえると，メカニズム概念はある程度，抽象的な概念として設定しなければならない。因果図を生み出す構成概念に注目するのはこのためである。

　次に，メカニズムの結果不決定性，つまりメカニズムだけで因果過程の結果が全面的に決まらないということにも留意する必要がある。因果過程追跡では，結果は原因とコンテキストの相互作用として決まると考える。コンテキストとは原因が作用する場である。その具体的内容は後述するだろう。コンテキストが同じ事例は分析単位として同質的と呼ばれる。メカニズムの事例間移転の可能性はこのコンテキストの同質性に依拠しているのである。

▶コンテキスト変化の影響

　因果過程の結果は因果メカニズムだけでは生まれない。結果は原因とコンテキストの相互作用によって生まれるからである。コンテキストは原因が作用する場である。ごく一般的にいえば，コンテキストは原因が結果を生み出すことを可能にさせる環境である。因果過程追跡に際して，分析者はこの環境の輪郭を描いておかねばならない。

　もっとも，依拠する研究分野の基本文献を学習すれば，この輪郭についての基本知識を得られるだろう。例えば，マーケティングでは基本コンテキストとして，消費者行動，流通システム，競争状態，経済成長や景気などの経済状況，種々の法規制，などが指摘されている。近年での状況を見ると，これらに地震，異常気象，疫病の流行といった自然現象を追加する必要があろう。

図3.7　因果パターンへのコンテキスト変化の影響：屈折と切断

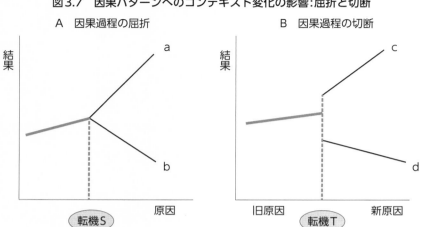

コンテキストは原因と相互作用して結果に影響する。因果メカニズムでの結果と原因の相互作用によって関連しそうなコンテキストの範囲が決まる。重要な点は，このコンテキストが従来とは大きく変わる場合である。新コンテキストは原因の作用を加速したり激減させたりするだけではない。つまり，従来の影響パターンに屈折を生み出す。さらに，コンテキストの変化が大きい場合には，新しい原因の登場と相まって従来パターンに切断を生み出すこともある。

　図3.7はこれらの様子を図化したものである。

　例えば，戦略を原因とし，売上など財務成果を結果としよう。また，コンテキストの大きい変化時点を転機と呼ぼう。左図はコンテキストの変化（S）によって因果過程の屈折が生じる場合を表している。従来と同じ戦略を採用し続けても，結果（売上）が急増（a）する場合と急減（b）する場合がある。例えば，1970年代に大店法施行を転機にして，ダイエーのそれまでの急成長は停滞に転じた。同じ時代に同法の対象外であったコンビニ各社は，サービ

ス化の進展による夜間就業者の増加，単身者の急増，共稼ぎ世帯の増大など社会経済構造の変化を背景に急成長した。

　コンテキストが激変する際には，新しい原因（T）の登場によりそれまでの因果経路自体が切断されることもある。これによって，結果が急増（c）する場合と減少（d）する場合がある。インターネットの登場とともにネット通販によるアマゾンの急成長や百貨店業態の衰退はこの例である。

▶期間設定の重要性

　コンテキストの適切な概念化は，因果過程追跡の成功を最終的に左右する。またこの概念化は分析に際してもっとも困難な作業でもある。この困難性はコンテキストの概念化が結果，原因そして因果メカニズムなどの概念化との同時決定事項であるとともに，コンテキスト自体がしばしば多階層構造を持つことから生じている。

　多くの場合，コンテキストの概念化は結果，原因，因果メカニズムの概念化と同時決定事項である。これはどういうことか。研究課題の設定は何よりまず，どのような結果への因果過程を解明したいのかという結果の概念化に現れる。結果が設定されると，それによって原因の探索が始まる。結果が因果過程の終点であるとすれば，原因はその過程の始点である。因果過程の始点と終点が定まれば，それらを結ぶ因果メカニズムの概念化に取りかかることができる。始点の原因はどのように結果を生み出すのか。その様式が因果メカニズムである。しかし，結果を生み出していく過程で，原因はそれが働く場であるコンテキストと相互作用する。

　このような思考順序が一応考えられるが，その思考過程では結果，原因，コンテキスト，そして因果メカニズム，それぞれの概念化の間を行きつ戻りつすることになろう。したがって，実質的にはこれら4つの概念化は同時決定

図3.8　因果過程の概念化の流れ

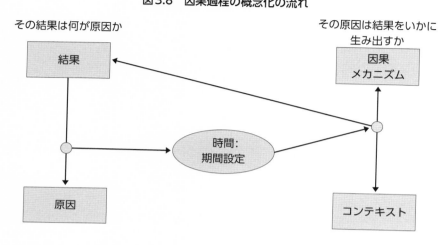

の性格を帯びることになる。同時決定とは４つの概念化が相互に関連し，その関連の枠組みの中で各概念化が相互依存的に定まるということである。図3.8がその様子を示している。

　この同時決定で扇の要は，因果過程の期間設定である[10]。ここで期間とは，原因が結果を生み出すまでの，つまり因果過程の始点と終点との間の経過時間である。結果と原因の概念化をひとまず終えると，因果過程の始点と終点が定まり，どのような期間での因果過程を対象にするかも定まる。期間設定は原因とコンテキストの相互作用を概念化し，原因がいかに結果を生み出すかの様式を概念化する際の基本枠組みになろう。この枠組みのもとで，結果やその原因の概念化さえも再考されるかもしれない。

　諸学の中で期間設定を特に重要テーマとして取り上げるのは歴史学である。数世紀に及ぶ期間を取り上げることもあるので，期間設定の代わりに時代区分という用語を使う。例えば，８世紀以降の日本史を例にとれば，奈良，平安，鎌倉，南北朝，室町，戦国，安土桃山，江戸，明治，大正，昭和，平成

10)　*Cf. ibid.*

といった時代に区分けされる。時代区分ごとに政治，経済，文化，生活，外交における出来事の複合体を圧搾して，時代間を比較しながら各時代の特徴を明らかにしようとする。

　歴史学での期間設定（時代区分）では，3種の基準のいずれかあるいはその組み合わせが使用されてきた[11]。まず数十年以上あるいは数世紀に及ぶカレンダー上の日付が使われる。時代はこれらによって設定される。日本史における時代区分などはこの好例である。次に，研究課題のコンテキストでの出来事によって区分される。大きい政権交代や戦争の終結などはその例である。最後に，研究課題に関連する転換点（turning point）が期間区分の基準になることがある。多くの場合，これらの基準が複合的に利用されてきた。歴史学の場合には，政治，経済，文化などの複合領域を研究課題にするからである。

　歴史学と比べると，通常の因果過程追跡の研究課題（結果）ははるかに狭く設定されている。

　ここで通常の因果過程追跡といっているのは，いわば短期的な因果過程追跡であり，特定の因果メカニズムが生み出す結果の過程追跡である。転機を境にして異なる因果メカニズムが次々に立ち現れ，それらの重層的な結果が現れるヨリ長期的な過程は物語分析の対象である。しかしこの物語分析でも，本書で扱う短期的な因果過程追跡を基盤としている。短期的な過程追跡間の比較分析なくして物語分析は不可能である。

　本書の対象である短期的な因果過程に話を戻すと，その概念化の基本的な枠組みは期間設定である。これは結果（研究課題），原因，コンテキスト，そしてこれらの関連様式としての因果メカニズムなど，基本概念の概念化の基盤である。基本概念の概念化の過程では，相互の関連を通じて各概念化は行きつ戻りつの過程をたどる。実質的にこれらの基本概念は，期間設定を基盤とする同時決定の性格を帯びている。

---

11) Hollander, S. C., *et al.* (2005), "Periodization in Marketing History", *Jouranal of Macro Marketing*, Vol.25, Iss. 1.

第 4 章

理論の検証

　因果過程追跡では特定の単独事例内での因果過程を追跡する。因果メカニズムによって動く，多くの要因間の因果関係を実証的に解明することが課題である。その際，経営者・管理者や先行研究などが作った既存の理論を利用できる場合がある。ここで理論という言葉は広い意味で使われている。理論は経験者や先行研究者による成果である。それらを蓄積して，実務ないし学術の研究者間での知識継承を促進する器として役立つ。それは言説（物言い）として口頭で表現されることもあれば，また文によって記述されている場合もあるだろう。

　理論が存在するならば，因果過程追跡の基本作業は理論の検証になる。どのような理論でも，少なくとも因果図，つまり現実の本質的特徴を単純化して捉えた特定の因果過程の図式，つまり因果図として書くことができよう。理論検証型の過程追跡はこの因果図を出発点にして，さらにその背後にある因果メカニズムの検証へと進んでいくのである。

　この検証作業はどのように行えばよいのだろうか。本章ではこのための基本技法を展望しよう。まず，因果図の存在の確認作業を論じた後で，検証のためにどのようなデータを使うのかを展望する。そこでは因果過程観察が主要データになる。それは因果過程についての種々の観察記録である。次に因果命題の検証技法としての必要条件，十分条件を検討しよう。最後に，因果図を超えるヨリ複雑な因果関係を展望しよう。

1. 言語モデルの形式化：言語記述から因果図へ

▶2種の理論

　因果過程追跡の理論は，結果，原因，コンテキスト，因果メカニズムの関連様式からなる。検証型の因果過程追跡ではこの理論の実証を目指している。

実証とは経験的証拠に基づく理論の正当性の証明である。このためには証拠となる事実を調べる検証作業がまず必要になる。しかし，先行理論が存在してもすぐに検証できるわけではない。先行理論があるといっても，理論が言語モデルのみに基づいている場合があるからである。

　因果過程の検証手続きを考えるに際しては，理論をひとまず2種に区分しておくのが便利であろう。言語モデルと形式モデルである。

　言語モデルとは，もっぱら言説や文章によって示されている理論である。実際に経営理論の多くは言語モデルに基づいている。その際，因果過程の検証はまず言語モデルの形式化からはじめる必要がある。言語モデルとは言説や文章記述（言語による論述）だけからなる理論であり，実務世界，そして学術分野での社会科学や人文科学で理論構成の主要なやり方になっている。この言語モデルでは，前提も結論もともに宣言的に論述されている。論証は前提から結論を論理学的に推論していく過程である。論証では，推論の論理的妥当性が問われることになる。

　形式モデルでは，一定の形式に従って理論を示す。もっとも基礎的な形式モデルは，因果命題であろう。そこでは，事例に含まれる要因がカテゴリや変数として捉えられ，原因と結果との関連を方向線によって表すことができる。2つの要因間で方向線が発している要因は原因であり，方向線が行き着く先の要因は「結果」である。ヨリ高度な形式モデルとしての数学モデルでは，要因と方向線は方程式などの数式によって表される。

　先行理論が言語モデルを含んでいるとき，因果過程の言語モデルをまず形式化しておかねばならない。形式化の第一歩は，言語記述部分を少なくとも因果図の形に変えることである。

　因果過程追跡の対象になるほとんどの事例では，結果と原因がそれぞれ1つだけということはない。研究者が関心を持つ結果や原因は複数あり，さらにこれらの間にいくつかの介在要因がある。これらの原因，結果，介在要因

を点で表すと，それらの関係性を表す多くの線が描かれる。点と線の総体は
ネットワークを形成して，要因間の因果の関係性を表している。この因果ネッ
トワーク上での位置から見ると，要因は3種に区分されよう。

　第1は，因果関係の始点にはなるけれども，いかなる方向線の終点にもなっ
ていない要因である。これは因果過程を始動する要因であり，以下では始動
原因と呼ぼう。第2に，いかなる方向線の始点にもなっていないが，終点に
なる要因であり，因果過程の最終結果を表している。第3に，方向線の始点
であるとともに終点でもある要因がある。これは始動原因と最終結果の中間
に位置する介在要因である。数学モデルではこの種の因果ネットワークの全
体は一連の同時方程式によって表される。

　言語モデルでは，理論は論理学を手がかりとした論証を通じて発展する。言
語記述だけからなる言語モデルでは，論証が因果関係の主要な推論手法であ
る。しかし，因果過程追跡における理論は単なる言語モデルではない。それ
は，事例に含まれる諸観察に基づいた実証モデルでもある。したがって，そ
こに含まれる理論も単なる論証だけでなく検証を含まねばならない。検証と
は，確かな事実を調べて，仮説としての因果関係が妥当であるかどうか確証
することである。検証型過程追跡ではこの検証作業が中心課題になる。次章
での理論構築型の因果過程追跡では，検証は理論構築を終えた後の後半の作
業になる。

　この検証はどのように行えばよいのだろうか。本章の以下ではこのための
基本技法を展望しよう。まず，検証作業を行う準備として理論の形式化を論
じた後で，検証のためにどのようなデータを使うのかを展望する。そこでは
因果過程観察が主要データになる。次に因果命題の検証技法としての必要条
件，十分条件を検討しよう。最後に，因果図における多様な因果関係を展望
する。

▶形式化とは

◆基本プロセス

　理論の形式化とはどのような作業だろうか。その基本プロセスを要約的にいえば，表4.1に示すような一連の作業からなる。それは理論にかかわる論述を出発点として検討し，最終的には因果図に至る過程である。因果図では，因果過程の要因が明示的に整理され，それらの間の因果関係が方向線によって示されることになる。

表4.1　言語モデルの形式化作業

1. 文章記述の内容を，因果過程の基本ブロック，つまり結果，原因，コンテキスト，因果メカニズムに分けて整理する。
2. 各基本ブロック内で同種の内容を統合しながら主要要因を概念的に整理する。
3. 各要因間での因果関連記述に着目して要因間の関連を明確にしていく。これらは要因間の因果命題である。
4. 因果関連記述を全体として因果図にまとめる。

　この形式化作業は文章のいわゆる読解作業でもある。一般の読解作業については，多くの人は大学受験への準備過程でその基礎訓練を受ける。現代文の読解と呼ばれているものである。読解ツールとしては，同内容表現，対比表現，否定・肯定表現，譲歩表現，逆説表現，「例えば」で始まる具体例，時間・時代の変化，東洋や西欧そして地域などという空間比較，メタファー（隠喩）の利用，呼応表現，そして因果関係など，各種の文章表現の基本形がある。現代文の受験参考書[1]はこの種のツールをやさしく解説している。

　因果過程に焦点を合わせた読解作業では，まず文章記述の各内容を因果過程の基本ブロックに分けることから始まる。結果，原因，コンテキスト，そして因果メカニズムの4種である。コンピュータ利用が未発達な時代では，新聞記事の切り抜きをしたり，文献資料を読みそれから重要な記述の抜き書き

---

1) 例えば，Z会編集部編（2015）『現代文キーワード読解，改訂版』Z会；中西　実（2013）『現代文の解法』Z会など。

からなるノートを作成してこのような整理を行ったものである。現代では専用ソフトや各種のエディタを利用すれば，多数の抜き書き文からなる非定型データベースを作成してそれから必要な箇所を検索することは極めて容易になった。[2]

　「結果」文は因果過程の最終結果にかかわる記述からなる。それはその事例への過程追跡者の主要関心事である。「原因」文はこのような結果を生み出す因果過程を始動させた要因を語っている。例えば，ある水準の売上高や企業成長の達成といった成果は「結果」文の内容を構成し，企業が追及した戦略などは「原因」文の記述内容になろう。原因と結果との因果関係は，「だから」，「故に」，「したがって」，「その結果」，「というのも」，「なぜなら」，「〜のために」，「〜によって」，「〜の背景には」といった語句により連結されている。

　コンテキストは原因が結果を生み出す際の場である。この場はしばしば環境とも呼ばれる。例えば，マーケティング戦略は原因として，売上高や市場シェアなどの結果を生み出すが，この因果関係のコンテキストとしては，競争，消費，さらには法規制などがある。コンテキストは原因と結果との因果過程を多様な形で制約したり条件づけたりするのである。結果として，因果過程での要因間の関連はヨリ複雑化することになろう。

　理論検証の対象になる理論は，言語モデルの形でのみ記述されていたとしても，特に学術的な理論については因果過程の基本ブロックが概念的に整理されている場合が多い。その際，登場する諸概念を結果，原因，コンテキスト，因果メカニズムに整理区分することはそれほど困難ではないだろう。しかし，綿密な実証から生まれた理論や経営者が実践活動から生み出した現場理論では，因果過程記述はしばしば文化人類学者ギアーツのいうような「厚い記述」[3]で覆われている。そこでは，各基本ブロック内でも複数の同義的な要因概念が登場し，それらの関連も錯綜している場合がある。

2）非定型データベースの専用ソフトには，「知子の情報」があり，また各種のエディタなどを利用すれば，この種の非定型データベースを作成してそれから多様な検索を行うことは容易である。

3）C．ギアーツ著，吉田禎吾ほか訳（1987）『文化の解釈学〈1〉』岩波現代選書。

◆言語モデル解読の留意点

　言語モデル形式化の大きいねらいは，理論の語る基本要因とそれらの関係を的確に抽出することである。これによって後の検証作業を効率化できよう。このため，言語モデルの解読作業で次の諸点に留意すればよいだろう。

表4.2　解読に際しての留意点

・同義的な内容の要因はできるかぎり統合・整理する。
・「結果」，「原因」そして「コンテキスト」のそれぞれにおける階層構造に留意する。
・コンテキストの集計水準に留意しながら，因果関連との結節点を明確にする。結節点によって因果関係の存在の有無や因果様式がコンテキストの状態に条件付けられる。
・どのような理論メカニズムが想定されているのか。

◆結果の階層構造

　言語モデルは言語による論述だけからなる理論であり，社会科学や人文科学では理論構成の主要なやり方になっている。この種の理論では結果，原因，コンテキスト，さらには因果メカニズムに関して内容的には同種の概念が言い換えなどによって現れることがある。このような同義的な概念についてはできるかぎり統合整理することが必要になる。これにより，検証の対象になる要因数を削減することができる。

　同義的な概念の整理・統合に際して，特に留意すべき点は，結果や原因の概念の階層構造である。階層構造は因果過程の結果や原因について現れる。まず，因果過程の結果としての企業の財務成果などは階層構造をとって現れる場合が多い。例えば，製品売上高はその製品の産業販売額（同種製品の供給者の販売額の集計）にその企業の市場シェアを乗じたものである。製品売上高は，産業販売額か市場シェアのいずれかあるいはその両方の因果経路を通じて変化していく。また，事業資産の営業利益率は売上営業利益率（＝営業利益／売上高）と事業資産回転率（＝売上高／事業資産）の積であり，これ

ら2つの経路を通じて変化する。

　因果過程の「結果」としてもっとも注目されるのは，企業活動の「結果」としての種々な成果であろう。マーケティングではこれらの成果は，一般にマーケティング・メトリクス[4]と呼ばれている。これらのメトリクスは相互に多様な階層構造を示している。このような階層構造は概念的な統合整理の対象ではなく，因果過程での多様な経路を明らかにするため別個に識別しておくことが必要である。

◆原因の階層

　原因に関しても同じような階層構造が現れる。特に，包括的な基本戦略や歴史的な転機となる出来事などを始動原因として設定する場合がそうである。例えば，セブン-イレブンはその成長前期（1974年の創業出店時点から1980年頃まで）において首都圏でのブルーオーシャン戦略を基本戦略とした。[5]この戦略は，

　・面的店舗展開（ドミナント出店）の首都圏集中

　・新世代消費者への標的設定

　・この標的に訴求する異端のフロント・フォーマットの採用

などの活動戦略から構成されていた。これによって，戦略は基本戦略とそれを構成する活動戦略という階層構造を持つことになる。

　かつての高度経済成長の開始といった歴史的転機も多様な市場機会を発生させ，新生企業の急成長や消費市場の激動の始動原因となった。新しく発生した市場機会には，

　・地価上昇

　・人口都市集中と郊外化

　・生活様式の多様化

　・主婦のパート就業

4）主要なマーケティング・メトリクスの展望については，田村正紀（2010）『マーケティング・メトリクス』日本経済新聞出版社を参照。

5）田村正紀（2014）『セブン-イレブンの足跡：持続成長メカニズムを探る』千倉書房，第2章参照。

　・農民層の激減

　・耐久財への傾斜消費と必需品節約指向

などがあった。これらの新しい市場機会は高度経済成長という始動原因のもとに多階層的で複雑な原因を構成した。

◆コンテキスト

　因果過程の主要要因の中でも，コンテキストは分析者の視座に対応してその分析上の位置を変えることがある。コンテキストは原因の1つとして処理されたり，あるいは原因と区別されたコンテキスト要因として取り扱われる。この後者の場合，コンテキストの因果過程における位置づけは，結果への原因の影響を条件付けることである。コンテキストにより，特定原因が特定結果に影響したりしなかったりするのである。大都市圏ではある戦略が有効であったのに，地方圏になるとまったく効かなくなるなどがその例である。

　また，コンテキストにより影響様式が変化するかもしれない。あるコンテキストでは逓増的に影響したのに，コンテキストが変わると影響様式は一定型か逓減的なものに変わってしまうかもしれない。例えば，革新的新製品が次々に誕生した高度成長期には，多くの広告は売上高に逓増的な影響を与えた。しかし，低成長期になり革新的新製品の開発が難しくなると，多くの広告の売上高への影響は一定型か低減型に変化していった。このようにコンテキストと因果関係との結節点は，影響の有無やその様式を条件付けることがある。

　結果，原因の多階層性そしてコンテキストの集計水準によって因果過程には多くの要因が登場することになる。これらの諸要因は，まとめて因果過程の中間領域と呼ぶことができよう。結果については最終結果を除き，また原因については始動原因を除く結果要因や原因要因，コンテキストについては各水準の諸要因から構成されている。中間領域が登場すれば，因果過程は複

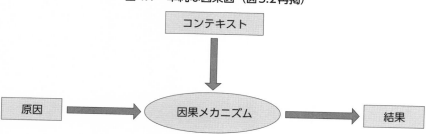

図4.1　単純な因果図（図3.2再掲）

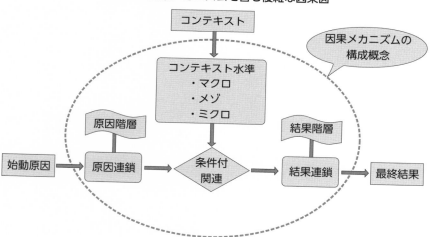

図4.2　因果メカニズムを含む複雑な因果図

雑化する。鳥瞰的に見れば，因果過程は基本的には図4.1に示す単純な因果図に示すような構造を持っている。しかし，中間領域を考慮すれば図4.2に示すような複雑な因果図が現れよう。単純な因果図と比較すれば，原因と最終結果の間に介在する多数の要因によって因果過程は複雑化している。

◆因果メカニズムの確認

　言語モデル解読の最終目的は，言語記述全体の中で想定されている因果メカニズムの確認である。因果メカニズムは結果，原因，コンテキストの全体における諸関連を総合的に生み出すメカニズムである。このメカニズムを説明するために，研究者は人為的に構成された概念を用いてそれに名称をつける。これが構成概念（construct）である。例えば，セブン - イレブンの初期発展を生み出したメカニズムはブルーオーシャン・メカニズムと呼ばれた。「ブルーオーシャン」とは無競争市場の隠喩である。構成概念は直接に観察したり測定することはできない。

　因果メカニズムの確認に際して留意しておくべきことを要約的に列挙しておけば，表4.3に示すような項目である。

　言語記述だけからなる言語モデルでは，因果過程の確認は一般的な論証に基づいている。論証とは，根拠からある主張を導き出す一般的な過程である。論証には3種の基本要素がある。主張，根拠そして論拠である[6]。因果過程に即していえば，主張は結果であり，それに規範的な意味が付け加わる。根拠は原因であり，主張を裏付ける。論拠は根拠と主張の関連性である。

表4.3　因果メカニズム確認の留意事項

・因果メカニズムの分割：	結果，原因にかかわる主体と活動を含むような別個の組に分割できるか。
・各部分の体系性：	各部分は体系的で他事例にも適用できるかそれともその事例だけに特異か。
・検証に適切な水準：	マクロ水準（構造的メカニズム），メゾ水準（状況メカニズム），あるいはミクロ水準（行為形成メカニズム）のいずれか。
・メカニズム発動の時間次元：長期か短期か。	

---

6) Toulmin, S. (1958). *The Uses of Argument*, Cambridge University Press.

　一方で因果過程追跡は，言語モデルとは異なり実証モデルである。その論証は，言語モデルと比べて特に論証の根拠についてヨリ特殊的である。根拠（原因）について，言語モデルでは多様な根拠が使われる。要約的にいえば，(1) 様々な状況や人々に適用される一般的な意見，(2) 共通のモラルや価値観に関連する原理原則，(3) 一見すると異なるような2つの考え方や人，状況の比較による類推，(4) その分野における専門家や専門家グループの権威，(5) 種々の兆候，そして (6) 因果関係などである。

　ところが，因果過程追跡における理論は単なる言語モデルではない。それは，事例に含まれる諸観察に基づいた実証モデルでもある。因果過程追跡では，言語モデルで使用される種々の根拠の中で兆候や因果関係を使用する。この点に，言語モデルとは異なる因果過程追跡の特徴があるといえよう。

2. 因果過程追跡での経験的証拠

　因果過程追跡で検証はどのように行うのだろうか。どのような経験的証拠を使ってどのように推論を進めていくのだろうか。

▶データセット観察と因果過程観察

　因果過程追跡での検証で利用する経験的証拠の特徴は，通常の統計分析で利用する経験的証拠と比較すれば明確になろう。因果過程追跡の先導理論家たちは[7]，検証に利用する経験的証拠を2種に区分した。データセット観察と因果過程観察である。前者は統計分析で利用され，後者は因果過程追跡で経験的証拠のデータになる。

　データセット観察は通常の統計分析でデータベースとして使われる。その具体像はエクセルのスプレッドシートで示されるような長方形のデータを想

---

7) Collier, Brady, Seawright, and Mahoney (2012), "The Logic of Process Tracing Tests in the Social Sciences", *Sociological Methods & Research*, Vol.41, Iss.4, pp.1–28.

起すればよいだろう。横側の各行には標本あるいは事例が示される。データの行数は標本数である。縦側の各欄には変数が示される。多くの場合，第1行の各欄頭には変数名が示されている。各マス目（セル）は各標本について観察された変数の測定値である。

　一方で因果過程観察は，因果推論に貢献するような洞察や断片的なデータである。それは原因，結果，コンテキスト，因果メカニズムにかかわる出来事データを含んでいる。その多くは事例での歴史的経緯の綿密な観察から得られるものである。データセット観察と比較すれば，因果過程観察は体系的ではない。データセット観察のように，多くの観察（標本，事例）にわたって共通する変数はほとんどなく，また観察を欠測する場合が多い。しかし，因果過程観察はデータセット観察では収集できないような情報を提供することがある。標準的で体系的なデータセット観察がつねに優れているとは限らないのである。

　因果過程観察は，理論構築だけでなく理論検証にも利用できる。これに注目すれば，3種の観察がある[8]。原因を示唆する観察，メカニズムにかかわる観察，それ以外の補助的な観察である。原因にかかわる観察を多く発見できれば，理論の妥当性を高める助けとなろう。メカニズムについての観察は例え少数であっても，理論検証の方向に決定的な影響を及ぼすことがある。新しいメカニズムの存在を示唆したり，それまで考えていたメカニズムの存在を否定したりする可能性があるからである。

　因果過程観察を探求するに当たっては，特定の観察が発見された場合にそれまでの理論の妥当性が揺らぐかどうかに細心の注意を払わねばならない。尤度（ユウド）とは，結果Aが生じるとしたら経験証拠Bが発見されるはずの条件確率である。因果の結果をAとし，ある特定観察をBとすれば，ある結果が生じる事前確率Pr（A），Bが生じる確率はPr（B）と書けよう。

　事前確率Pr（A）はAが生じると考える意思決定者の信念状態を表してい

8）*ibid.*

る。この場合，尤度は条件確率 Pr（B｜A）と書ける。よく知られているように，尤度は事前確率 Pr（A）が経験観察Bの発見によりどのように修正されるかを示す以下のようなベイズ定理の不可欠の要素である。この定理は新しい観察Bによって，事前に信念として持っていた結果の生起確率 Pr（A）がどのように修正されるかを示している。その利用は第5章でも再説されるだろう。

$$Pr（A｜B）= \frac{Pr（B｜A）\ Pr（A）}{Pr（B）}$$

▶因果過程観察での証拠の評価

　因果過程を綿密に観察すれば種々の証拠を発見することができよう。しかし重要な観察を見落とさないために，この観察は明確な問題意識を持って遂行する必要がある。このために，次の項目に留意しなければならない。

　まず，因果過程の十分な記述を心がけよう。注意深い記述は因果過程追跡の基盤である。因果過程は主体とその活動によって進行する。それらを十分に記述し，その内容を活動の目的，対象，場（コンテキスト）などにわたり具体的に記述しなければならない。この基礎として，分析対象期間での出来事生起表の整備が不可欠であろう。

　次に事前知識を活用しよう。事前知識とは，因果過程の概念的枠組みと各要因の経験的指標などである。因果過程は結果，原因，コンテキストなどの基本要因からなる。これらの基本要因に着目し，それらの経験的な指標を念頭に置きながら，それらの間に経験的な規則性がないかどうかを見てみよう。つまり，出来事の要素間に繰り返し現れる反復的なパターンを探すのである。

　因果過程追跡でたいていの研究者が直面する情報環境は，眼前に広くひろ

がる深く濃い霧のような不確実性である。それは五里霧中と古人が表した状況に似ていよう。革新事例の場合は特に，この不確実性は何よりも経験的事例が圧倒的に少ないことから生じている。企業による革新事例の標本は一事例だけである。革新者への追随が生じたとしても，標本数は極めて少数である。その数は通常のクロスセクション的な統計分析ではまったく足りない。

　しかし，そこでの不確実性は無知の状態ではない。すべての証拠の生起が等しい確率で一様に生起するわけではないからである。事象内容によって，不確実性の程度にも差異がある。政治学者のVan Everaは，経験的証拠になる次の4種の出来事を示している。[9]

・風中の麦わら（straw in the wind）
・輪（フープ）（hoop）
・発砲後の硝煙が立ちのぼる銃（smoking gun）
・断固決定的（doubly decisive）

それぞれに文学的修飾であるのでそのままでは解りにくい。しかし，結果の必要条件，及び／あるいは十分条件になるかという点から整理すれば，表4.4のようになる。[10]

　この表に示された4種の経験的証拠は，革新事例の因果過程追跡にできるかぎり即時対応しようとする研究者が利用可能なデータの類型を示している。類型により，当該仮説の支持か棄却か，また対立仮説への含みは異なってくるのである。

---

9) Van Evera, S. (1997), *Guide to Methods for Students of Political Science*, Cornell University Press.
10) Collier, D. (2011), "Understanding Process Tracing", *PS: Political Sciences and Policies*, 44 (4).

表4.4　4種の経験的証拠

| | | 因果推論の確認に十分か | |
		NO	YES
因果推論の確認に必要か	NO	風中の麦わら (straw in the wind) ・支持：仮説を確認するが，しかし確証ではない ・棄却：仮説をわずかに弱める ・対立仮説への含み 　　支持：わずかに強める 　　棄却：わずかに弱める	発砲後の硝煙が立ちのぼる銃 (smoking gun) ・支持：仮説を確証する ・棄却：仮説を少し弱める ・対立仮説への含み 　　支持：かなり弱める 　　棄却：いくぶん強める
	YES	輪（フープ）(hoop) ・支持：仮説を支持するが確証なし ・棄却：仮説を除去 ・対立仮説への含み 　　支持：いくぶん弱める 　　棄却：いくぶん強める	断固決定的（doubly decisive） ・支持：仮説を確証し，他を棄却 ・棄却：仮説を棄却 ・対立仮説への含み 　　支持：対立仮説を棄却 　　棄却：実質的に強める

3. 因果関係の推論

　このような情報環境は，因果関係の推論様式に決定的な影響を与えることになる。統計分析と比較すればその特徴が鮮明になろう。

◆統計分析と過程追跡の推論戦略

　統計分析では，多数の事例（標本）について観察された変数値を分析して因果関係を推測する。変数XとYの間で，一方が大きくなると他方も大きくなったりあるいは小さくなるといった共変動があれば，それは因果関係の兆しである。このような兆しは相関で測定される。その絶対値が0であると関連はなく，1に近づくと関連はヨリ強くなる。プラスであれば一方が増える

と他方も増えるという正順関係であり，マイナスであれば一方が増えれば他方は減るという逆順関係になる。

　しかし，相関は因果関係の兆しに過ぎない。変数XとYの間に相関があっても，どちらが原因でどちらが結果であるかわからない。XとYのどちらが原因となって他方の結果をもたらしたか，影響の方向が示されていないからである。このため，統計分析では回帰分析を使う。例えば，Yが結果でXが原因であり，それらの間にY = a + bXという関係が想定される場合，aとbのパラメータを回帰分析で推定する。この場合，回帰係数bが因果効果を現すことになる。

　回帰係数はXが変化するにつれて，Yがどのように変化するかを示している。例えば，推定回帰式がY = 5 + 3Xのようになれば，この式はXの値が与えられると，それに対するYの値を示すことになる。特に回帰係数b = 3がXの変化に伴うYの変化の程度を決めている。

　しかし注意すべきことはこの回帰式は，特定の標本（事例）のYの値を示すわけではないという点である。実際に，Xの一定値を所与とした場合のYの観測値は，データとなった各標本では異なる。回帰分析でのYの推定値は，Xを所与とした場合のYの値の条件分布の平均値である。Xのそれぞれの値に対して，それを所与としたYの値の条件分布が存在するが，回帰線はこの条件分布の平均値を通っている。統計分析での因果は，データとなった多くの標本（事例）に照らして推定されている点が重要である。

　これに対して，過程追跡は単独事例や少数事例を対象にする定性分析である。先端事例や逸脱事例を対象とするかぎり，幸いにして類似事例があるとしても，ほとんどの場合10以下の事例数に過ぎない。この標本数は統計分析に必要な標本数を遙かに下回っている。この研究状況で因果過程追跡はどのように因果推論をしようとするのだろうか。因果過程追跡（及び質的分析一般）の研究戦略は2つある。

　1つは，多くの事例（標本）にわたって見られる平均的な因果効果を推定する代わりに，特定事例内での因果関係を推定しようとする。少数事例を使った比較分析をする際にも，それによって発見された因果関係は少数事例全体に妥当するだけでなく，個々の事例についても妥当することが求められる。例えば，セブン‐イレブン，ローソン，ファミリーマートの事例について成長の因果過程追跡をする場合にも，その因果図は三者全体だけでなく各社についても妥当でなければならない。

◆反実仮想による必要条件・十分条件の摘出

　他の1つは，因果関係とは何かについて，統計分析とは異なる考え方を採用することである。因果関係の重要性を最初に主張したヒューム[11]以来，因果とは何かについて2つの考え方が併存し現在まで受け継がれている。1つは上述の統計分析に受け継がれ，他の1つは定性分析に受け継がれた。この後者の考え方は反実仮想分析に基づいている。もしその原因が存在しなければ，結果が生じたかどうかに基づいて因果関係を推論するという考え方である[12]。この考え方は統計分析に不可欠な十分なデータを収集できない革新事例の即時研究で必要になる。

　反実仮想分析の焦点は，その原因が結果の生起に必要であるか，あるいは／及び十分であるかどうかということである。結果の生起について，その原因が必要条件であるのか，十分条件であるのかを問うのである。必要条件と十分条件とはどのようなものか。簡潔にいえば，それぞれ次のようになる。

　必要条件：その原因の不在が結果の生起を妨げる

　十分条件：その原因が存在すれば，結果が必ず生じる

　英語の偏差値60（原因）が一流大学合格（結果）への必要条件，十分条件であるかを例にして説明しよう。

　必要条件の検討は結果から出発する。一流大学合格者のすべての英語の偏

11）D. ヒューム著，斎藤繁雄訳（2020/1777）『人間知性研究』法政大学出版局。

12）Goertz, G., and J. Mahoney（2012）*A Tale of Two Cultures: Qualitative and Quantitative Research in th Social Sciences*, Princeton University Press.（西川賢・今井真士訳『社会科学のパラダイム論争：2つの文化の物語』勁草書房，2015年）

差値が60以上であるとき，それは合格への必要条件になっている。しかし，必要条件は必ずしもこの合格を保証しない。受験生の中には偏差値60以上でも不合格になった者がいるかもしれないからである。十分条件の検討は原因から出発する。偏差値60以上の受験生のすべてが合格者であるとき，この条件は十分条件であり，この条件を満たせば必ず合格する。要約すれば，偏差値60以上は，その達成者が合格者の部分集合になっているとき必要条件であり，合格者が偏差値60以上達成者の部分集合になっているときは十分条件になる。

　この定義は多くの合格者に照らして定義されている。一方で，因果過程追跡ではただ一人の受験者といった単独や少数の事例も対象にする。この場合，必要条件と十分条件の定義に表れる他の事例の集まりは，その事例分析の発見物を適用できる範囲，つまり射程条件（scope condition）内の事例といえよう。このような事例を想定すれば，必要条件と十分条件の定義には問題が生じない。しかし，その原因が必要条件あるいは十分条件であることの確認には研究対象になっている単独事例だけで行わねばならない。

　このために因果過程追跡では反実仮想を行うのである。もし出来事Xがなかったら出来事Yは生じたであろうかを問う。この分析は単独事例だけを対象に行うことができよう。この反実仮想分析の結果，出来事Xの不在が出来事Yを生じさせないとしたら，Xの存在はYの生起の必要条件になっている。この意味でXはYの原因になる。2つの出来事間の反実仮想分析はこのように必要条件となっているかどうかの分析である。[13]

　因果過程追跡では，反実仮想の対象になりそうな出来事の探索を通じて，結果を生み出した原因を探る。この探索作業の中心はその事例の現場についての徹底的な観察である。この現場はその事例における種々な行為者の実践とそのコンテキストからなる。観察はこれについての種々のデータの収集である。

---

13) Goertz, G. (2003), "Cause, Correlation, and Necessary Conditions", in Goertz, G., and H. Starr, (eds.), *Necessary Conditions: Theory, Methodology and Applications*, Rowman & Littlefield.

　マスコミ記者などは当事者についてのヒアリングや現場への出向を通じて観察を行っている。この種の観察は，その事例の最近時の状態を中心にしている。因果過程追跡での観察は，この種の取材活動にとどまらない。過去の経緯も知る必要がある。このために，その事例にかかわる新聞・雑誌記事などの記録文書が存在しないか，その事例を理解するために有用な理論について既存文献がないかどうかも探索する。いずれにせよ，因果過程追跡での観察の重要な特質は，与えられた研究時間や調査予算の制約内で，可能なかぎりの徹底した事例観察を行うことである。

　観察データは「結果」の概念を精緻化したり，種々の原因を概念的に整理するのに使われる。社会科学の領域では，結果が1つの原因で決まることはほとんどない。反実仮想分析によってふるい分けをしても，多くの原因が残るのが通常であろう。この場合には，因果過程追跡ではこれらの複数原因の束が「結果」を生み出していると考える。つまり，複数原因の束が「結果」の十分条件であると見なす傾向がある。[14] 結果は複数原因の組み合わせによって生じると考えるのである。

◆ **複雑な因果関係の検証**

　しかし複数原因が作用していると，必要条件と十分条件が組み合わさって，しばしば複雑な因果関係が生まれることも多い。例えば等結果性，結合因果性，因果非対称性と呼ばれる因果パターンはその代表例である。

　等結果性では同じ「結果」が異なる原因の組み合わせによって生まれる。例えば贅沢品の誕生（結果）とその原因としての製品属性を考えてみよう。贅沢品には高価格（P），希少性（R），シンボル性（S）といった属性がある。しかし，高価格で希少であるか，高価格でシンボル性を持つか，あるいは希少でシンボル性を持つかのいずれかであれば贅沢品になることがある。ダイヤモンド，超高級ブランド，大邸宅などはそれぞれの例となろう。贅沢品は複

---

14) Goertz, G., and J. Mahoney (2012), *op.cit.*

合原因の3種の異なる組み合わせによって生み出されている。つまり等結果性がある。

　個々の原因が単独では結果を生まないけれども，他の原因と組み合わせると結果を生むこともある。例えば上例の贅沢品では，個々の製品属性だけでは贅沢品は生まれないが2種の原因を組み合わせると贅沢品になっている。個々の贅沢品属性は必要条件であるが十分条件になっていない。贅沢品は2種の製品属性の結合によって生み出されている。これが結合因果性である。

　因果非対称性とは，例えば贅沢品と非贅沢品とでは質的に異なる2つの現象になるということである。贅沢品は高価格，希少性，シンボル性のいずれか2種の組み合わせによって生まれていた。ところが非贅沢品になる製品領域は，高価格でも希少でもないか，また希少でもシンボル的でもないか，あるいはシンボル的でも高価格でもないような属性を持つ製品領域である。これらの属性は贅沢品の属性と対照的ではなく，したがって贅沢品を生み出す因果関係と対照ではない。これを因果非対称性という。

　因果複雑性の世界ではさらに，INUS条件やSUIN条件と呼ばれる現象も出現することがある。INUS条件とは何か。それは結果を生み出すのに十分であるけれど不必要な複合条件の中で，不十分であるが必要になっている部分条件である。一方，SUIN条件は結果を生み出すのに不十分であるが必要な複合条件の中で，十分であるが不必要になっている部分条件である。

　「結果」を生み出すのに十分であるが不必要な複合条件（原因の組み合わせ）があるとしよう。上述の贅沢品の例では，贅沢品属性の3種の組み合わせのそれぞれがその例である。製品属性のいずれの組み合わせも「結果」の十分条件であるが必要条件とはいえない。この十分条件になる各複合条件の中で，「結果」を生み出すために不十分であるが必要となっている部分，これがINUS条件である。例えば，3つの個別的な贅沢品属性のそれぞれはINUS条件である。これらの製品属性はすべての複合条件を作り出すのに必要では

ないが十分条件になっている。

　複雑な因果関係では多くの原因の候補がある。そこで，個別的な原因の中には「結果」の必要条件でも十分条件でもない条件が現れることがある。しかし，INUS条件やSUIN条件として「結果」を生み出す上で重要な働きをしている原因を看過してはならない。因果複雑性のもとでの因果過程追跡は，単独事例のデータだけではできない。少なくとも少数の事例がいるだろう。それは統計分析には十分でなくても5から15程度の事例があれば足りる。革新の初期段階では，革新の模倣・追随者の事例などがこの種のデータを提供してくれるだろう。さらにこれらの因果複雑性の世界を正確に分析するには，本書の範囲を超える分析技法がいる。別書で詳論しているのでそれを参照していただきたい。[15]

15）田村正紀（2015）『経営事例の質的比較分析：スモールデータで因果を探る』白桃書房。

第 **5** 章

理論の構築

　先行文献や経営者の言説などによる「理論」がない場合には，因果過程追跡はどのような手順を踏めばよいのだろうか。まず最初に必要なことは理論の構築である。この種の因果過程追跡は，「理論構築型」の過程追跡と呼ばれている。革新的な経営者や先端的な研究者などは，この種の因果過程追跡に挑戦しなければならない。理論が存在すれば，因果過程追跡は理論構築段階を飛びこえて一気に理論検証に向かう。しかし理論が存在しない場合には，まず理論構築からはじめねばならない。その際，理論検証は理論構築後の作業になる。理論構築は因果過程追跡のもっとも挑戦的な作業といえよう。本章ではこの理論構築の基本作業を展望しよう。

　因果過程は結果，原因，コンテキスト，そしてそれらの関連性の総体としての因果メカニズムから成り立っている。理論の欠如とは，これらの要素のいくつかについての情報がなく，またあったとしても因果メカニズムが不明である状態である。平たくいえば，これらの基本要因を明確にし，さらにそれらの関連の見取り図を作成することが，因果過程追跡での理論構築になる。理論構築作業には大別すれば，因果グラフ創造とシステム理解の段階がある。

1. 因果グラフの創造

▶因果グラフとは

　以下でグラフというのは，点とそれを結ぶ線についての抽象化された数学上の概念である。グラフ理論は点と線の結ばれ方の配置形状の様々な性質を探求する。これを図示したものが因果図である。因果図では，その際に点間を結ぶ線分があるというだけでなく，「どちらからどちらへつながっているか」をも問題にする場合には，線分に矢印をつけた方向線を使う。この種のグラフを有向グラフまたはダイグラフという。因果グラフは種々の要因（点）

図5.1 セブン-イレブン初期発展の因果図（図1.2再掲）

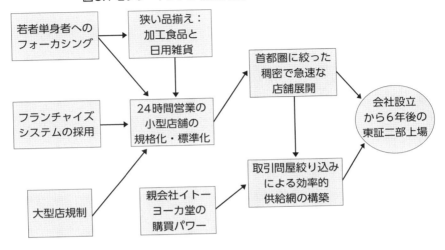

間の因果関係を有向グラフとして表現したものである。

　因果グラフや因果図で，因果過程での各部分（点）とそれらの間の因果関係（方向線）が織りなす配置形状を示している。各部分とは，結果，原因，コンテキストのいずれかのブロックないし，それを構成する特定の要因である。2つの点間に原因と結果という関係性があれば，原因から結果への方向線で結ばれることになる。

　因果グラフの一例として，セブン-イレブンの初期発展を示そう。すでに図1.2で示したものであるが，参照の便宜のため再掲すれば，図5.1のようになる。図5.1の因果図は，その初期発展がどのような戦略活動によって達成されたかを示している。1970年代の創業以降の初期発展はどのような要因によって達成されたのか。

　多くの議論は，それはPOSシステムなど先進的情報システムの整備を指摘してきた。しかし，事実としてはその導入は1981年以降のことである。それ

以前でも，同社は高い収益力を背景に急成長し始めていた。その象徴は会社設立後の6年間での東証二部上場である。初期発展はこの結果に至る過程である。

　この収益力の基盤は，標的顧客層が密集する首都圏に絞った稠密な店舗展開による売上急成長と，取引問屋再編を通じた効率的な供給網整備による経費削減である。後者は親会社イトーヨーカ堂の購買力パワーによって可能になり，前者は大店法による大型店規制を受けないような小型店舗の標準化を基盤にしていた。この種の店舗構想にはその背景として，当時吹き荒れた大店法による大型店規制があり，またフランチャイズシステムにより若者単身者を標的にして店舗開発をしようとしたトップリーダー（鈴木敏文）の戦略構想があった。この小型店フォーマットは，その後に追随者の模倣を経てコンビニの業界標準になり現在に至っている。

　図5.1の因果グラフには，一般の因果グラフと同じように，因果過程の3種の基本要素が構成要素（点）として含まれている。それらは

- ・原因　　　　　　：以下のような一連の戦略活動，つまり「若者単身者へのフォーカシング」，「フランチャイズ・システムの採用」，「狭い品揃え：加工食品と日用雑貨」，「24時間営業の小型店舗の規格化・標準化」，「首都圏に絞った稠密で急速な店舗展開」，「取引問屋絞り込みによる効率的供給網の構築」
- ・コンテキスト：「大型店規制」，「親会社イトーヨーカ堂の購買パワー」
- ・結果　　　　　　：「会社設立後6年で東証二部上場」

である。

　これらの要素がどのように関連していくのか。それはセブン-イレブンの初期発展を支えた因果メカニズムを表している。筆者はこのメカニズムをブルーオーシャン・メカニズムと名付けた。ブルーオーシャンとは障害なき広

図5.2　セブン-イレブン初期発展因果グラフの構造行列S

	A	B	C	D	E	F	G	H	I
A				1	1				
B				1					
C				1					
D					1				
E							1		
F								1	
G								1	1
H									1
I									

$S =$

注：0は省略している。

大な青き大海原であるが，無競争状態を寓意している。セブン-イレブンはコンビニという新業態の革新者であり，コンビニのような小型店チェーンの競争者は当時の首都圏には存在しなかった。このメカニズムこそ，以後半世紀にわたるセブン-イレブンの長期持続成長への途を切り開くことになった最初の因果メカニズムである[1]。ブルーオーシャンは仮説的構成概念であり，そのメカニズムは無競争地帯での急速な店舗展開を示している。セブン-イレブンの初期発展の因果図式における要素間の関連様式の大要は，このメカニズムによって決定されている。

　もう一度，因果グラフに立ち戻ってみよう。因果グラフは有向グラフの理論によって簡単に数式表現ができる。因果グラフは，行と列がそれぞれ同じ要素を表す正方行列として数学的に表現できる。この種の行列は構造行列と呼ばれる。図5.2に示す9×9の正方行列Sは構造行列の例であり，AからIまでの9種の要素間の関係性構造を示している。この行列では2点間で因果関

1）田村正紀（2014）『セブン-イレブンの足跡：持続成長メカニズムを探る』千倉書房。

係があれば1，なければ0と表記される。この正方行列Sによって因果過程で
の影響の全体像が明示されることになる。

　因果グラフは因果過程の諸部分を有向線で連結する。これによってメカニ
ズムの一端を明らかにする。この際，矢印は両点間の条件関係である。もっ
とも単純な場合として，グラフの各点は真（1）か偽（0）のいずれかの値を
取る2項の確率変数であるとしよう。1はその出来事が生じること，0は生じ
ないことを示す。方向線の存在は，Xが生じた場合，つまりX＝1の場合に，
Yの値も生起すること，つまりY＝1になるという条件関係を示している。X
が生じる場合にYが生じる条件確率をPr（Y＝1｜X＝1）と書くと，その値
が1になるという条件関係である。

　方向線が示していることは，この条件依存関係だけである。いわば，条件
依存関係が想定されているだけといってもよい。この種の想定は因果グラフ
や因果図の各点と出来事生起表での出来事を突き合わせることによって行わ
れる。例えば，出来事（点）X＝1の場合が生起した後で出来事（点）Yが
頻繁に生じるならば，XからYに向かう方向線がある。つまり，XがYとい
う結果の原因であると推論するのである。このように特定事例での因果グラ
フの作成には，因果グラフの各点に対応する一組の出来事の特定化を因果過
程追跡で行うことが必要になる。

　この際，注意すべきことは，そこでは因果論理については何も語っていな
いことである。XがなぜYの原因になるのか。XがYをどのように生み出す
のかについては触れていない。こうして因果過程がどのように働くのかなど，
因果メカニズムについては何も語っていない。それはブラックボックスのま
まである。因果メカニズムの解明には，因果グラフを超えてシステム的に理
解していくことが必要になる。しかし，因果グラフの作成は因果過程追跡の
出発点として，詳細な分析に先立ち因果過程の構造の全容に見通しをつける
ために有用である。

▶因果グラフの創造

　因果グラフの創造は理論構築型の過程追跡の出発点である。それはどのような手順で創造するのだろうか。

　この出発点のデータ基盤は出来事生起表である。それは，事例として期間設定した始点と終点との間で生じた出来事を時間軸にそって整理した表である。因果過程の性質によって，またデータの利用可能性により，適切な時間単位を選択する必要がある。出来事生起の年月日データがあれば，多様な時間単位の出来事生起表を作成できよう。時間軸の単位は生起の時刻，日付，月，年，あるいは期間など極めて多様である。特に年代順に記された場合には，出来事年代記や年表などとも呼ばれている。

　因果過程追跡を行う際には，出来事生起表はもっとも基礎的なデータである。半世紀ほど前には，作成の基礎資料として研究者は，新聞，雑誌記事の切り抜きを行った。大学などでこの種の作業を担ったのは研究助手や大学院生など，駆け出しの研究者たちであった。今日では，新聞・雑誌記事などは種々なアーカイブ型のデータベースを利用できる。これには代表的企業の先進的な動きや，消費動向，技術，法規制，経済団体の動きなどニュース価値の大きい出来事が捕捉されている。日経テレコンなどはその代表例である。主要な企業や大学図書館ではこの種のデータベースを整備している。

　生起以来すでにかなりの年月が経過しているような大きい重要な出来事に関しては，筆者もしばしばこの種のデータベースのお世話になっている。これによって，関連する出来事群の生起時間表を作成して事態の経緯を容易に概観することができる。しかし革新事例については，重要な出来事でも完全に捕捉できることは数少ない。

　これを補うために他方で，筆者は日々，新聞の切り抜きも併用している。紙面の大小にかかわらず記事ごとにユニット化しA4レポート用紙帳に貼り付ける。必要が生じたときに，必要記事を添付した各レポート紙を切り離し，た

ばねてそれで作業する。これは，最近時の先端的な動きを絶えず追跡してその経緯に関心を集中させるのに極めて有用である。アーカイブ型データベースは検索語がなければ必要な記事を摘出できない。新聞切り抜き集の閲覧での人間の知覚力は，遙かに広域的でありファジーな情報でも処理できる。

　とはいえ，革新事例の中には既存のデータベースや新聞・雑誌などを利用できないものも多い。大企業内部組織の動き，革新的中小企業の動き，極めて先端的な消費動向，企業機密になるような技術革新などである。この種の事例の場合，若手研究者や組織外部者は，いくつかの困難に直面するだろう。さらにヒアリングや内部資料閲覧の許諾可否や，研究論文での公表許可など，データ利用に関して種々の制約の克服問題がある。これらは研究者のキャリヤや個人能力に依存する度合いが強い。しかし，必要情報へのアクセス能力の向上は研究者の生涯をかけた重要な研鑽課題である。

▶因果グラフ創造の基本ステップ

　因果グラフの創造の際には，その基本データとしてこのような出来事生起表を土台にして，さらに種々の文書資料，写真，ヒアリング記録，現場観察

表5.1　因果グラフ創造の基本作業

1. 出来事のカテゴリ的分類整理
    ・カテゴリ分類。
    ・カテゴリの階層的理解。
2. 単純な経験物語：出来事の物語文連結
    ・出来事生起の頻度。
    ・同時生起頻度のパターンは必要か十分か。
3. 既存文献の広域的展望
    ・メカニズムについて，ひらめきが得られるか。

などを追加する。このデータ収集過程は理論構築という創造的過程の最初の段階である。この段階から因果グラフ創造に至る基本作業には，次のようなものがある。

◆**出来事のカテゴリ的分類整理**

　まず，現れる出来事をその内容に従ってカテゴリ的に分類整理しなければならない。この目的は，具体的出来事の生起頻度をカテゴリ上の類似性に基づき確認することである。出来事の生起は時間経過に伴う時系列上に，あるいは生起の空間的場所にまたがってクロスセクション的に広がっている可能性がある。時間と空間にまたがり，同じような出来事がどの程度の頻度で生起しているのか，また異種の出来事が同時にあるいは時間的に近接して生起しているのか。これらは出来事間での因果関係を確認する際の第一歩である。

　分類整理を的確に効率よく行うには，いくつかの留意点がある。それらは特に次の2点である。

　　1．具体的出来事を因果過程の基本カテゴリのブロック別に整理する。
　　2．各ブロックでの階層構造とそれによって形成される中間ゾーンに注意
　　　を払う。

　これらの2点についてヨリ詳しく説明しよう。

　因果カテゴリの基本ブロックは，今までにも論じたように，結果，原因，コンテキスト，そして因果メカニズムである。具体的な出来事をこれらの基本要因のブロックに分けよう。各ブロックには基本要因として同じような性質の出来事を集めるのである。「結果」ブロックは因果過程の結果として生起した出来事からなり，「原因」ブロックはそれらの結果を生み出した出来事から構成されている。「コンテキスト」ブロックは原因から結果に至る過程，つまり因果力が働く場である。

　基本カテゴリ・レベルで因果過程を見ると，「結果」は方向線が向かう終点

であり，原因は方向線の始点になる。「コンテキスト」は「原因」から「結果」に向かう方向線そのものに関連してその存在を条件付ける。つまり影響様式に影響する。「因果メカニズム」はこれら方向線全体の配置状況である。その全体像は後述の仮説的構成概念によって表現されることになる。

◆原因と結果における階層

　基本カテゴリへの整理に際しては，各基本カテゴリでの分類階層に注意しよう。各基本カテゴリは生物分類と同じように階層構造がある。生物学では生物の多様性を捉えるため，界（かい），門（もん），綱（こう），目（もく），科（か），属（ぞく），種（しゅ）を設定している。そこで下位階層の分類群は，上位階層の分類群に順次含まれる。出来事も多様であるが，生物学ほどの多階層な分類階層はいらない。分類階層としては基本カテゴリ，主要次元，そして各次元の代表カテゴリなどの階層で十分であろう。

　基本カテゴリから下方の分類階層へと出来事把握の集計度を下げ，ヨリ具体化していくと，基本カテゴリ・レベルで見られた因果関係性はさらに複雑化していくだろう。その最大の理由は，始動原因と最終結果の間に多様な要因が介在しそれらが中間ゾーンを形成するからである。

　原因ブロックでは，始動原因から二次原因へと関係性は樹形上に広がっていく。成長事例では多くの場合に始動原因は成長戦略になる。この戦略を支えるためにいくつかの活動戦略がある。これらの活動戦略は始発戦略から樹形に広がり，始動原因と最終結果の間に介在する中間ゾーンを形成することになる。例えば，セブン‐イレブンの始動戦略は，広大な人口集積を誇る首都圏をブルーオーシャンにしてそこで急速な店舗展開を図ることであった。このために同社は，若者単身者を市場標的にして，24時間営業の小型店の規格化・標準化，加工食品と日用品に絞った狭い品揃え，そしてフランチャイズ・システムの採用といった活動戦略を展開したのである。

　一方で結果ブロックを見ると，いくつかの副次的な結果から最終結果に向かう逆樹形の階層構造を描くはずである。セブン‐イレブンの事例では，「首都圏に絞った稠密で急速な店舗展開」と「取引問屋絞り込みによる効率的な供給網構築」に成功したから，「会社設立後６年で東証二部上場」に必要な上場基準を満たす企業業績を達成できたのである。

　財務成果などの場合には，この逆樹形はヨリ鮮明な形で現れる。例えば総資本利益率（ROI）の場合には，その構成要因を次のように分解できる。

ここで，

総資本 ＝ 在庫資本 ＋ 非在庫資本

利益　 ＝ 粗利益 － 経費

である。樹形図に書けば，

　上図のように逆樹形になる。売上粗利益率の増加と売上経費率の減少により総資本利益率は直線的に増加する。商品回転率と非商品回転率の増加は反比例的に総資本利益率を増加させる。二次的な「原因」にせよ，また副次的な

結果にせよ，それらに関連する方向線は方向線の終点にも始点にもなる。つまり，これらの要因は因果過程の中間ゾーンを形成している。中間ゾーンが大きくなると，因果過程はヨリ複雑になるだろう。

◆コンテキストの集計水準

因果過程のもう1つの基本カテゴリにコンテキストがある。企業行動を前提に考えると，一般に企業環境と呼ばれるものである。コンテキストの階層構造は企業環境をどの集計水準で考えるかによって決まる。主要な集計水準にはミクロ，マクロそしてその間のメゾと3段階がある。

ミクロ・コンテキストとは，企業行動の場合，経営者の野心，企業組織としての基本経営方針，組織構造や組織風土などからなる。いわば，その企業及び関係グループの一般的な内部組織の基本特徴からなる。図5.1の因果図では，「親会社イトーヨーカ堂の購買パワー」などがこれにあたる。消費者行動などの場合には，その消費者のライフスタイルや社会経済属性（性差，年齢，所得水準，家族構成，居住地域など）が消費者の未来とコンテキストを構成するだろう。

マクロ・コンテキストは行為者を取り巻くヨリ一般的な環境である。企業行動にせよ消費者行動にせよ，景気動向はもっとも重要なマクロ環境である。単年度での好不況だけでなく，数年間にわたる成長，成熟，停滞といったトレンドが重要なコンテキストになる。1960年代の成長，70年代から80年代にかけての成熟，90年代以降長く続く停滞は，その時々の企業行動や消費者行動に多大な影響を与えてきた。

メゾはマクロとミクロの中間水準である。企業行動の場合に代表的なものを挙げると企業が属する業界の競争構造，消費者に至る流通経路，種々の法規制がある。消費者行動の場合はその社会の人口の年齢分布や地理的分布，所得階層構造などが重要である。人口の高齢化，所得階層間での貧富の差の拡

大，人口の地域集中などがメゾ水準での近年の重要変化であろう。

　ミクロ，メゾ，マクロのいずれの集計水準で捉えるにせよ，コンテキスト
は原因から結果への因果過程を条件付ける。条件付けとは因果関係の態様を
変える条件になるということである。態様とは，因果関係の存在や不在，因
果方向が正か負か，影響度の変化は逓増的か逓減的かそれとも一定かなどで
ある。いずれにせよ，コンテキストによる影響の確認は，因果過程追跡には
不可欠である。

◆単純な経験物語の作成

　出来事のカテゴリ的整理が終わると，次の作業は単純な経験物語の作成で
ある。物語の基本的な筋書き（筋道）のみを示す物語は単純明快である。こ
の作業の基盤は出来事生起表である。出来事生起表では，各出来事は生起の
時間順序で並んでいるだけである。各出来事は孤立して相互に関連付けられ
ていない。

　一方で，経験物語では複数の出来事が物語られ，その物語文を通じて連結
される。ある出来事を物語るとはどういうことなのだろうか。それは時間的
に前後関係にあるその他の出来事とのコンテキストの中でその出来事を関連
付ける記述である。物語は種々な出来事を関連付ける多くの物語文から構成
されている。短い物語では少数の出来事が連結されるに過ぎないが，長い物
語になると因果過程の始点から最終結果に至るまで一連の出来事が連結され
ることになる。すなわち，物語の筋書きである。

　物語文によって，1つの出来事はその前後で生じる様々な出来事との間の
関係のネットワークに組み込まれていくことになる。物語文は，原則的に因
果関係を表す文に書き直すことができるから[2]，ある事例の全体的物語は種々
な出来事の因果ネットワークで構成されている。その事例での基本的な出来
事のみ注目してそれらの間の因果ネットワークに着目すれば，その事例での

2）野家啓一（1996）『物語の哲学：柳田国男と歴史の発見』岩波書店。

物語の筋書きができよう。それが単純な経験物語である。

　因果グラフの作成に際しては，まず単純な経験物語の作成を目指すべきである。そのためには，複雑な因果関係をとりあえずできるかぎり捨象することが必要になる。複雑な因果関係は，

　・原因と結果との間の非線形性

　・原因間の相互作用

　・複数原因の異なる組み合わせによっても生まれる同一結果性

などによって生じる。このような複雑性を含まない場合，因果グラフは単純な構造を持ち，因果過程の基本的な筋道を示すはずである。単純な経験物語作成のねらいは，この基本的な筋道によって物語の基本的な筋書きを確認することにある。

　単純な経験物語の因果グラフでは，時間的に近接した出来事が方向線で連結されがちである。2つの出来事間の因果関係では，原因が結果よりも時間的に先行するだけではない。両者の生起時点が近接するほど強くなり，隔たるつれて弱くなっていく。したがって，ある結果の原因候補を探す場合には，まず時間的に近接して先行する要因の中から探すのが効率的である。

　しかし，2つの出来事を方向線で結ぶには，生起の時間的近接性だけでは足らない。ヨリ重要なことは，原因や結果になる2つの出来事間で，必要及び／あるいは十分な関連が存在することである。結果を示す出来事の生起のために，必要条件及び／あるいは十分条件になっていること，この故に方向線で結ばれることになる。

　原因となる出来事がすべて結果となる出来事の集合に含まれるとき，その原因出来事は結果生起の十分条件である。例えば，英語偏差値60以上の受験生がすべて合格者になるとき，英語偏差値60以上は合格の十分条件で必ず合格する。

　逆に原因となる出来事の集合が結果となる出来事の集合をすべて含むとき，

その原因となった出来事は結果の必要条件である。必要条件であれば，結果となる事象のすべてがそれを共有している。例えば，英語偏差値60以上の受験生集合が全合格者集合を含むとき，英語偏差値60以上が必要条件になる。

　以上の議論を踏まえると，必要条件と十分条件の見分け方は容易である。すなわち，

- ・十分条件を探すには，まず原因を見てそれを備えた事例のすべてが「結果」を出しているかを問う。
- ・必要条件を探すには，まず「結果」を見て，その「結果」を出した事例のすべてで共有される原因があるかを問う。

2. 因果メカニズムのシステム理解

　理論の構築のためには，最終的には因果メカニズムのシステム理解にまで達する必要がある。これは理論構築の山場といってもよい。システム理解とは，因果メカニズムについての本格的な理解である。因果過程の主要な要因，つまり結果，原因，コンテキストの具体的内容とそれらの関係性を総体として生み出す因果メカニズムについての理解である。これは因果過程追跡でのもっとも創造的な過程である。

▶仮説的構成概念とは

　システム理解の課題は，この因果メカニズムを心に浮かぶ想念として仮説的に構成することである。この想念が仮説的構成概念である。もともとは心理学を源流として生まれたが，現在では他の社会科学領域でも方法論上の概念として使用されている。

　一例として，消費者行動論での構成概念を取り上げてみよう。マーケティングの主要な消費者行動論では，行動過程の最終結果は銘柄（ブランド）購買やその反復としての銘柄忠誠である。この最終結果に至る因果過程をモデル化しようとしてきた。その嚆矢となったハワード・モデルでは，学習過程が構成概念として使われている。拡張的問題解決，限定的問題解決，自動反応行動という学習段階により，諸変数の関連様式が異なってくる。

　消費者行動論のその後の発展では，学習よりも認知を構成概念としてヨリ多く使うようになった。認知は消費者が外界について情報収集しその処理を行う活動の総称である。

　この認知概念に照らして消費者の購買決定過程をモデル化する試みが消費者行動論の主流の1つをなしてきた。

　その代表的モデルとして

　・AIDMA：注意→関心→欲求→記憶→行動

がある。インターネットやそれを基盤とした社会メディアが発展すると，それらとの接触を取り入れた

　・AISAS　：注意→関心→検索→購買行動→ネット上での商品評価共有

や，

　・AISA　：注意→関心→ソーシャルフィルター→購買行動

のようなモデルも現れる。これら以外にも多様なモデルが提唱されている[3]。現代消費者を取り囲む情報環境の中で，どのような構成概念で消費者行動を捉えるべきか。これらのモデルはこの点についての漂流の跡を示すものであろう。

▶構成概念の発見道筋

　いずれの領域で理論構築型の因果過程追跡を行うにせよ，仮説的構成概念

3）「購買行動モデルとは？　消費者行動の最新事例10選を紹介」，QUERYY，2022.08.08閲覧，http://n-works.link/blog/marketing/purchasing-behavior-model

の構築は因果メカニズムのシステム理解に不可欠であり，理論構築の核心になる。構成概念の具体的内容は因果過程追跡の経験的領域により多様である。しかし，特定事例でそれを発見・構築に至るようないくつかの道筋がある。

◆発見筋道の基本

　特定事例で仮説的構成概念を発見するには，まず活動主体の活動に注目する。その際に注目すべきことは，

- ・主体活動の影響力は，他の主体のどの活動側面に及ぶのか
- ・活動主体は時間上また空間上でどのような位置にいるのか
- ・影響力の作用メカニズムは，構造的，制度的，心理的のいずれであるのか
- ・メカニズムの作用水準は，ミクロ，メゾ，マクロのいずれであるのか

といったことである。このように活動側面を注視しながら，構成概念の探索が始まる。構成概念の創造を念頭に置いた探索過程でまず行うべき作業は，因果グラフ作成の場合と同じく，

- ・出来事生起表の作成
- ・類似メカニズムや類似メカニズムを示唆するような理論概念の探索

であるが，それらをヨリ入念に行わねばならない。

　出来事生起表については，行為者の足跡に注意を払おう。足跡とは他者に影響した行為者の行為痕跡である。それは出来事に即して捕捉できる。誰（行為者）がいつ（行為時点），何を（行為種類），どこで（場所），誰に対して（行為相手），何のために（行為目的）といった側面がある。その中での基本は行為者，行為種類，行為時点である。

　因果過程のシステム理解に達するには，関連がなぜ生じるかを説明できなければならない。このために因果グラフを超えて，ヨリ詳細な物語作成に取り組む必要がある。

　絶えず問うべき問題はなぜ2つの出来事がどのように連結するのかということである。その際に実体（行為主体）と活動を注視しよう。マーケティングの場合には，主要な実体は特定メーカー，流通企業あるいは消費者である。実体はこのような名詞で記述できる。実体は行動の指向や特質，活動種類，あるいは活動の舞台になる時空間上の位置によって識別できる。一方で，活動は動詞として記述できよう。一方の実体のどのような活動が他方の実体のどのような指向，活動種類，活動舞台などに影響するかである。

　この影響の仕方にも注視する必要がある。特に影響にフィードバックループが存在するのか，影響が生じる集計水準はミクロ，メゾ，マクロのいずれであるのかが重要である。フィードバックループがあれば，出来事Aの出来事Bへの影響の反作用として出来事Aの次の行動が変化することがある。このループ作用によって，影響が逓減したり逓増したりあるいは一定になったりする。例えば反復的な広告を見た消費者の銘柄忠誠はどのように変化するだろうか。

　影響の集計水準も重要である。多くのマーケティング研究者は広告の影響をミクロ水準で捉え，心理的あるいは観念的な影響を取り上げる。しかし，ガルブレイスなど経済学者は広告の依存効果を語る際に構造的あるいは制度的に捉えている。[4] これらの相違は活動が生じる枠組みをどのように捉えるかによって，メカニズムの内容が異なってくることを示している。

　関連する出来事のすべてに関してこのような作業を終えると，次にそれらを総合していく作業になろう。その際に有用な手法は，ベイズ流推論と仮説的推論（アブダクション）であろう。

▶ベイズ流の推論

　構成概念の発見道筋として1つの有用な手法は，ベイズ流の推論（Baysian

4）Galbraith, J. K. (1963), *The Affluent Society*, Houghton Mifflin Books.（鈴木哲太郎訳『ゆたかな社会』岩波現代文庫）

5）経営学でのベイズ統計学の基本書は，かつて Schlaifer, R. (1959), *Probability and Statistics for Business Decisions : An Introduction to Managerial Economics Under Uncertainty*, McGraw-Hill. であった。

Inference）[5]であろう。ベイズ流の推論は，行為者が事前に持っていた信念（事前確率）を，以後に発見した追加的な経験的証拠に照らして修正して事後確率を知り，その事後確率を次回の経験的証拠の事前確率に置き換えて新しい経験的証拠を探していくという反復的な過程を取り扱っている。事後確率への事前確率の修正は初等確率論で著名なベイズの定理によってなされる。

　ベイズ定理は，ある仮説的構成概念による仮説が正しいという事象と何らかの経験的証拠が得られるという事象の重複関係から導出される。

　仮説的構成概念の形成に即していえば，このベイズ流の推論過程は，経験的証拠の追加的探索を通じて，仮説的構成概念への信頼を高めていく過程である。この過程には主観（信頼）と客観（経験的証拠）の交錯がある。この交錯の仕方を決めているのが，ベイズ定理である。この定理は，探索によって事前確率をどのように修正して事後確率（＝次回探索の事前確率）を得るのかを示している。

　ベイズ定理は，その仮説的構成概念が正しいという事象と経験的証拠が得られるという事象との交錯関係から導出されている。図5.3が示すように，すべての事象が外縁の長方形T内にあるとしよう。HとEの領域をそれぞれ円

図5.3　仮説事象と経験的証拠事象の重複関係

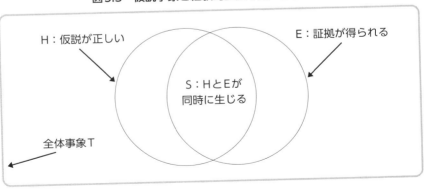

形で示し，そしてこれらの事象が同時に生じる領域を重複部分Sとしよう。H
の確率Pr（H）はTに占めるH領域の割合であり，Eの確率Pr（E）はTに
占めるE領域の割合である。Hが生じる場合にEが生じる条件確率Pr（E│H）
はH領域に占めるSの割合であり，逆にEが生じる場合にH
が生じる条件確率Pr（H│E）は，E領域に占めるSの割合である。

　このとき，HとEが同時に生じる確率P（S）は，＊を乗算記号にすれば，
Pr（H│E）＊Pr（E）ともまたPr（E│H）＊Pr（H）とも書ける。つまり，

　　Pr（H│E）＊Pr（E）＝Pr（E│H）＊Pr（H）

である。この式の両辺をPr（E）で除するとベイズ定理の

　　Pr（H│E）＝　Pr（E│H）＊Pr（H）／Pr（E）

が得られる。ベイズ定理はN回の経験的探索（ i ＝ 1, 2, …N）ごとに，仮説
的構成概念への新しい事前確率を得るために適用されるのである。

　ベイズ統計学ではいずれの事象の確率も相対頻度に基づく客観確率である

図5.4　ベイズ流の推論過程

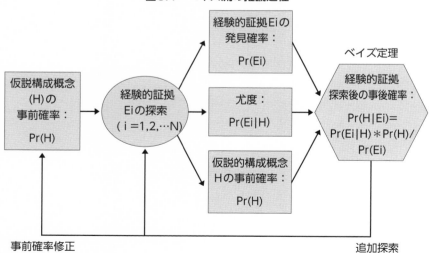

必要はなく主観確率でもよい。主観確率は行為者の信念の度合いを0と1との間の数値で表したものである。探索によって追加的な経験的証拠という新しい情報を得るにつれて，行為者はその事前確率を修正していく。この事後確率は，新たに追加的な探索を行う際にはその次回探索の事前確率になる。この過程を図示すれば，図5.4のようになろう。

　ベイズ定理によって事後確率を得るには3つのインプットがいる。経験的証拠の発見確率，尤度及び仮説的構成概念の事前確率である。ベイズ定理の公式から明らかなように，経験的証拠の発見確率と尤度が大きくなり，一方で仮説的構成概念の事前確率が小さくなれば，仮説的構成概念の事前確率は大きくなる。ベイズ流の推論過程で仮説的構成概念の事前確率がヨリ大きくなるように行為者は追加的探索を続けるだろう。このような過程で行為者は，探索費用も考慮しながら，

　・できるだけ信頼できる仮説的構成概念を設定する
　・仮説的構成概念の下でできるだけ発見しやすい経験的証拠を探索する
　・できるだけ発見困難な新規な経験的証拠を探索する

といった探索ルールを設定することが探索の成果をヨリ大きくすることになる。

　仮説的構成概念の形成に即していえば，このベイズ流の推論過程は，経験的証拠の追加的探索を通じて，仮説的構成概念への信頼を高めていく過程である。この過程には主観（信頼）と客観（経験的証拠）の交錯がある。この交錯の仕方を決めているのが，ベイズ定理である。この定理は，探索によって事前確率をどのように修正して事後確率（＝次回探索の事前確率）を得るのかを示している。

▶仮説的推論（アブダクション）による総合

　ベイズ流の推論で確認した経験的証拠は，他の経験的記録とともに総合し

て1つの大きい仮説に統合していかねばならない。その際に有用な方法は仮説的推論（アブダクション）である。仮説的推論は，関連する証拠をもっともよく説明する仮説を選択する推論法である。観察された事実の集合から出発して，それらのもっともらしい説明はどのようなものか，それを推論するのである。まず経験記録には，ベイズ流の推論に加えて，新聞・雑誌の切り抜き，フィールド・ノート，写真／ビデオなどの原資料，それらを整理した出来事生起表などがある。

　これらの資料を探査して諸活動の影響痕跡の体系的なパターンを発見しなければならない。一方で，仮説的推論は文献展望にも依存している。文献展望はできるかぎり広範囲に行う。そのねらいは影響痕跡の類似パターンやそれを生み出すメカニズムから，当該事例での中核メカニズムに関して，何らかのひらめきを得ることである。このひらめきは常時的には生じない。金の王冠にまつわるアルキメデスの入浴と比重発見の挿話のように，むしろ突然にやってくる。

　経験記録の探査と既存文献の展望は，このひらめきに導かれながら彷徨する反復的な過程である。しかし，革新事例では事態はしばしば流動的である。したがって経験記録の探査といっても，酔客のランダムウォークのように，あてどなくさまよい歩くことになりかねない。労多くして，理論構築になかなかたどり着けない。

　たしかに仮説的推論による理論構築には定型的な手順はない。しかし，それを行う際に以下のような指針とすべきことはある。要約的にいえば，

　　1.　基本要因の明確な概念化
　　2.　対象事例の適切な選択
　　3.　因果メカニズムの発見
の3つである。

◆因果過程の基本要因について明確に概念化する

　因果過程の原因と結果について，明確に定義しておかねばならない。その上でこれら2つが連結するコンテキスト（時間と場所）を考えることが必要である。しかし，追跡のこの段階では原因と結果を連結するメカニズムがわからないので，コンテキストについても不明であることが多い。それ以前に原因そのものが明確に設定できない場合もある。いずれにせよ，原因と結果の明確な定義は，あらゆる因果過程追跡の出発点である。それなくして，あらゆる過程追跡は始まらない。

　しかしこの定義も難しい場合がある。例として，1970年代におけるコンビニ全般の初期発展過程を取り上げてみよう。この例では結果の定義はそれほど難しくはない。それは短期間で売上高が急成長したことである。問題になるのは，どの期間での成長を考えるかである。一方，原因として考えられることは，他業態では見られないコンビニの店舗属性であろう。しかし多くの属性がある。そのうちどれが原因として作用しているのか。明確に設定できない場合が多々ある。

　例えば実際に当時，通産省（経産省の前身）と中小企業庁は，「コンビニエンス・ストア・マニュアル」を監修・公表していた。その中で，コンビニ店の基本フォーマットとして

- ・立地　　　：徒歩5－15分で来店可能
- ・店舗面積：300㎡以下
- ・品揃え　：一般食品，日用雑貨，軽衣料品，薬粧品，たばこ，酒。生鮮品はセルフのみ
- ・営業時間：長時間で年中無休が原則

などを示した。しかし，70年代のコンビニ登場初期には，特に売場面積，営業時間，品揃え構成，さらには店舗の運営方式，価格訴求をすべきか否かに関して，これらの店舗属性は多様に分散した。これらのことは因果過程追跡

の対象事例をどのように設定すべきかという問題を提起する。

◆対象事例をどう選択すればよいか

　理論構築型の因果過程追跡は特に革新事例に要求される場合が多い。その
ため，対象事例の選択は大きく制約されている。例えば，コンビニ業態の黎
明期の1970年前後には，全国各地にいくつかのコンビニが登場していたに過
ぎない。そのような状況においてすら，理論構築型の過程追跡の成功は，対
象事例の選択に依存する場合が多い。この種の状況でも，潜在的な事例母集
団をまずマップ化し，それに基づき事例選択をすることが肝要である。潜在
的母集団とは，将来コンビニに進化しそうな業態をすべて含めるということ
である。マップ化では結果と原因を2つの主軸とし，あわせてコンテキスト
を考える。しかし，因果メカニズムが不明である間は，コンテキスト条件に
ついて情報がない場合も多い。

　このマップ化のねらいは，研究者の関心事例とその逸脱事例を取り出すこ
とである。関心事例は，コンビニの初期発展を取り上げるかぎり，先端事例
もしくは代表事例[6]であろう。「結果」の売上高成長率については，他のコン
ビニを先導する企業でなければならない。また「原因」の店舗属性について
は，他のコンビニの追随や模倣の対象になる企業であろう。少なくとも日本
の場合についてはセブン‐イレブンやローソンが典型事例である。ポプラな
どは逸脱事例となるが，典型事例との比較において因果メカニズムが異なり，
メカニズムに異質性があるかどうかの検討に使われよう。

◆因果メカニズムの発見を目指す仮説的推論

　因果メカニズムの発見は全体として仮説的推論（アブダクション）の過程
である。メカニズムの本質を表現できるような構成概念を仮説として想起で
きなければならない。仮説的構成概念を創造するため，既存文献の包括的検

6）事例のタイプについては，田村正紀（2006）『リサーチ・デザイン：経営知識創造の技術』白桃書
　房を参照。

討と経験記録の徹底的な反復的探索が行われる。しかし、重要な点は両者の知的統合が仮説的推論の過程で創造的にかつまた反復的に試みられるということである。この知的統合過程で、経験記録を念頭に置いた既存文献の包括的検討によって種々なひらめきが生まれるはずである。

　この種のひらめきは研究メモにすぐ書き留めておこう。メモ用紙でもいいしメモ・ソフトでもよい。適切なメモ・ソフトは、「メモソフト」でGoogle検索すれば容易に見つけることができよう。仮説的推論の創造性は、このひらめき創造に大きく依存しているからだ。ひらめきの源泉は多分野にわたるメカニズムの類似性にある。またひらめきは経験記録のさらなる探索の過程で以後の注意の焦点を定めて、探索方向を一定方向に収斂させていくだろう。

　経験記録の探索に際しては、記述的な物語を因果連結的な説明に翻訳しながら、探索範囲を広範囲に広げる、この目標はメカニズムに関連する諸活動の体系的な経験的規則性を発見することである。それらを総合して因果メカニズムのスケッチを描こう。因果図はそのスケッチの例である。因果図では、目的、原因になる活動、そしてコンテキストが点によって表示され、それらの因果関係が方向線で示されている。

　因果図ができると、次の作業は経験的足跡の確認である。操作化によって、経験的足跡が経験的データを示す何らかの指標に関連付けられる。多くの足跡についてこの操作化を進めていけば、メカニズムの主要部分がどのように動いているのかが明らかになるはずである。それらの動きをどのような概念で表現するのがよいのか。創造作業が求められるのはこの点である。セブン-イレブンの長期的成長過程を研究した際、メカニズムの進化段階に応じて筆者は、それらをブルーオーシャン、情報武装、店舗工場、商根茎などと名付けたことは前述の通りである。[7]

　因果メカニズムの構成概念が明確になれば、残された作業はその特定メカニズムが他の事例にも適用でき、一般化できるかどうかを検証することであ

7）田村正紀（2014）前掲書参照。

る。これはメカニズムの同質性あるいは異質性の問題である。この問題を検討する際，行為主体（実体）とその活動について，メカニズムの形にフィードバックの作用があるのかどうか，また作用水準にミクロ，メゾ，マクロといった相違があるのかどうかを注意深く検討しなければならない。

エピローグ
―歴史に何を学ぶか

　以上の諸章で因果過程追跡の基礎理論を述べた。それはいわば歴史型の因果過程追跡と総称できる手法である。この手法では，研究者の関心は何らかの歴史的な結果にある。それを説明するために，結果に時間的に先行する原因を探し求める。このような原因と結果の関係を追跡しているという意味で歴史型と呼んでいる。

　一方，経営学で多くの研究者，とりわけ革新的な研究者はこのような歴史型の過程追跡だけでは満足せず，これとは別種の過程追跡に強い関心を持つだろう。その種の過程追跡を本書では結果構想型の過程追跡と呼んだ。この種の過程追跡ではたとえば，特定の経営目的を結果的に達成するため，どのような戦略が構想できるかなど未来のことに関心がある。そこではその戦略が経営目的を実現していくと予見される過程に関心がある。

　本書では因果過程追跡の基礎理論として歴史型にフォーカスした。その理由は結果構想型では，歴史型とは異質の枠組みを必要とするからである。同じく過程追跡を行うにしても，歴史型は原因と結果との間の因果過程を追跡する。これに対して結果構想型では，目的と手段との構想関係が追跡されることになる。そこでは，歴史型でいう結果は目的として設定され，原因は手段の一部として認識される。

　ただし結果構想型での目的は歴史型での結果だけでない。さらに行為者が未来に向かって抱くパトス(情念)も追加される点が重要である。未来の結果構想は，過去の因果過程と新たなパトスとの統一である。このような未来に向かっての目的と手段との間の関連が結果構想型の主題である。それはいわば計画論の課題であり因果過程の問題ではない。

とはいえ歴史型の因果過程追跡は，結果構想型とまったく無関係ではない。むしろ密接に関連しているのである。よく議論の主題になる「歴史に学べ」という教訓はそれを象徴している。この主題を巡る議論は多様な広がりを持っている。要約するならば，その主張の中核は，

- ・歴史を学ぶ動機は未来志向的でもある
- ・歴史を構成する各々の出来事には，その生起の背景や理由など，それらを生み出す歴史的メカニズムがある。それに照らして歴史の流れを見ることが肝要である
- ・歴史の流れでの因果過程を明確に理解すること，これが未来予見とそれに基づく行動につながっていく

ということであろう。

　歴史型因果過程追跡は単純に過去の因果過程の物語ではない。それは現在にも深く錨を下ろす過去の因果過程である。過去から未来への時間軸には，その中間につねに現在がある。現在がなければ過去も未来も存在しない。現在は過去と未来を繋ぐ時間軸上の不可欠な環である。それは現時点のような時間上の1点ではない。少なくとも人間の意識では，ある時間幅を持って存在している。時の流れに伴ういくつかの変調・諧調を伴いながら，過去に溶け込みまた未来に繋がっていく。とくに革新事例をできるかぎり即時対応的に因果過程追跡しようとすれば，過去と未来はともに現在に近接することになる。

　歴史型因果過程追跡が現在に深く錨を下ろしている理由は，この手法が出来事の時系列を単に追跡するだけではなく，それを結果，原因，コンテキスト，因果メカニズムという理論的枠組みを用いて追跡するからである。研究者の関心の的である「結果」を出発点として，その原因やそれが働く場としてのコンテキストとの諸関連を追跡する。因果過程追跡での「結果」は，研究者の関心の的になることによってつねに現在や未来の問題とも深くかかわって

いる。歴史型因果過程追跡は過去の歴史経験を現在や未来に向かっても投影しようとする手法である。この投影の仕方は，歴史型因果過程が将来がどうなるかによって変わってこよう。歴史型因果過程は未来も変化しない場合もあれば，部分的に変化することもあろう。さらには，従来の歴史型因果過程がまったく変わってしまう場合もある。

　因果過程が未来も変化しないと予想される場合には，従来と同じ因果メカニズムの維持が目指される。これによって経路依存の傾向が強まり，同種の出来事の再生と蓄積によって特定行動経路へのロックインが始まる。俗にいう伝統を重視する行動パターンである。因果過程が部分的に変化する場合には，その多くは因果過程のコンテキスト変化によるものであろう。マーケティングでは，新しい消費者行動や競争者の出現によって結果を生み出す因果過程が変貌することがよくある。問題意識を持ってコンテキストの動きを注視することが不可欠になる。その際，歴史的因果過程は変化を知覚し何をどのように変えたらいいかの重要な判断基準を与えるだろう。

　一方で，従来の歴史的因果過程がまったく変わってしまう場合もある。業務遂行に大きく影響する技術革新，新しい法規制の施行，まったく異なる競争環境の登場など，マーケティングや流通の歴史をひもとけば，このような例は次々に生じている。結果構想により新しい因果過程の模索が始まるのはこのような場合である。この際にも歴史型過程追跡は未来に向かっての反面教師として役立つだろう。

　歴史型過程追跡は，温故知新を促進する知的作業といえよう。単に歴史を知れば自動的に未来への途を知るわけではない。しかし，本書で述べた歴史型過程追跡を行えば，温故（歴史を調べること）が未来を予見し対応する途をひらく契機となろう。

著　　者

索　引

■著者紹介

田村正紀（たむらまさのり）　神戸大学名誉教授，商学博士

専　　攻　マーケティング・流通システム

主要著書『マーケティング行動体系論』千倉書房，1971年.『消費者行動分析』白桃書房，1972年.『小売市場構造と価格行動』千倉書房，1975年.『現代のシステムと消費者行動』日本経済新聞社，1976年.『大型店問題』千倉書房，1981年.『流通産業：大転換の時代』日本経済新聞社，1982年.『日本型流通システム』千倉書房，1986年（日経・経済図書文化賞受賞）.『現代の市場戦略』日本経済新聞社，1989年.『マーケティング力』千倉書房，1996年.『マーケティングの知識』日本経済新聞社，1998年.『機動営業力』日本経済新聞社，1999年.『流通原理』千倉書房，2001年.『先端流通産業：日本と世界』千倉書房，2004年.『バリュー消費：「欲張りな消費集団」の行動原理』日本経済新聞社，2006年.『リサーチ・デザイン：経営知識創造の基本技術』白桃書房，2006年.『立地創造：イノベータ行動と商業中心地の興亡』白桃書房，2008年.『業態の盛衰：現代流通の激流』千倉書房，2008年.『消費者の歴史：江戸から現代まで』千倉書房，2011年.『ブランドの誕生：地域ブランド化実現への道筋』千倉書房，2011年.『旅の根源史：映し出される人間欲望の変遷』千倉書房，2013年.『セブン‐イレブンの足跡：持続成長メカニズムを探る』千倉書房，2014年.『経営事例の質的比較分析：スモールデータで因果を探る』白桃書房，2015年.『経営事例の物語分析：企業盛衰のダイナミクスをつかむ』白桃書房，2016年.『贅沢の法則：消費ユートピアの透視図』白桃書房，2017年.『流通モード進化論』千倉書房，2019年.

■ 因果過程追跡の基礎
　　　－経営革新事例の即応研究法－

■ 発行日──2023年7月26日　初版発行　　　　　　　　〈検印省略〉

■ 著　者──田村　正紀

■ 発行者──大矢栄一郎

■ 発行所──株式会社　白桃書房

　　　〒101-0021　東京都千代田区外神田5-1-15
　　　☎03-3836-4781　📠03-3836-9370　振替00100-4-20192
　　　https://www.hakutou.co.jp/

■ 印刷・製本──藤原印刷

©TAMURA, Masanori 2023 Printed in Japan　ISBN 978-4-561-26783-6　C3034